아이가 글을 다 읽었다고 말하면 어른들은 무슨 내용이었냐고 묻습니다. 물론 아이가 책에 있는 내용을 토씨 하나 틀리지 않게 말하기를 바라고 묻는 건 아닙니다. 그저 인상 깊었던 장면이나 중요하다고 생각하는 내용을 스스로 말할 수 있기를 바랍니다. 하지만 아이는 읽은 글에 대해서 잘 이야기하지 못합니다. 많은 부모님들의 고민이 여기에 있습니다. 어떻게 하면 '글자' 말고 '글'을 읽게 할 수 있을까, 어떻게 하면 글을 제대로 읽고 이해할 수 있을까.

　이를 위한 해결책으로 '요약독해'를 제안합니다. '요약'은 자신이 읽은 글을 이해하고 해석하고 새롭게 말이나 글로 표현하는 활동입니다. 요약 기술 안에는 내가 읽은 글의 정보를 구조적으로 파악하고 정리하여 나의 말과 글로 재구성함으로써 핵심을 뽑아 내는 활동이 들어 있습니다. 독해를 할 때는 이런 요약 활동을 하며 읽어야 합니다. 그래야 내가 읽은 글이 무슨 내용을 담고 있는지 핵심을 파악할 수 있습니다. 요약독해를 할 줄 알아야 새로운 글을 만나도 스스로 돌파해 나갈 수 있습니다.

　요약독해 능력을 기르면 공부도 잘할 수 있습니다. 공부는 주어진 자료나 정보에서 중요한 부분을 찾는 일에서 시작합니다. 시험에서도 그 중요한 부분에 대해 묻는 문제가 출제되지요. 결국 제대로 공부한다는 것은 스스로 핵심을 찾고 정리하여 기억하는 것을 의미하고, 스스로 핵심을 찾고 정리하는 것은 요약독해 과정과 같습니다. 그래서 요약독해는 성적과 직결될 수밖에 없습니다. 또한 학년이 올라갈수록 다양한 비문학 지문을 접하기 시작합니다. 학생들은 비문학 지문에 대한 막연한 두려움을 가지고 있는데요. 대학수학능력시험의 소위 '킬러 문항' 또한 비문학 지문이지요. 이 비문학 지문을 읽고 해석한 것 또한 요약에서 출발합니다. 텍스트에서 가장 중요한 내용을 찾는 것부터 시작하는 요약 훈련을 통해 낯선 비문학 지문도 쉽게 읽고 이해할 수 있습니다. 요약독해는 결국 모든 학습을 위한 기초입니다.

　〈요약독해의 힘〉에서는 먼저 4단계 요약 기술을 훈련합니다. 짧은 글을 대상으로 훈련하여 요약 기술을 내재화한 후, 실전 지문에 적용합니다. 이 과정을 통해 요약독해의 힘이 쌓이면 어느새 세상의 모든 글이 만만해질 것입니다.

기적학습연구소 국어팀 일동

학습 설계와 활용법

기본 요약 기술 훈련 | 4단계 요약 기술을 익히고 훈련합니다.

1단계 핵심어 찾기

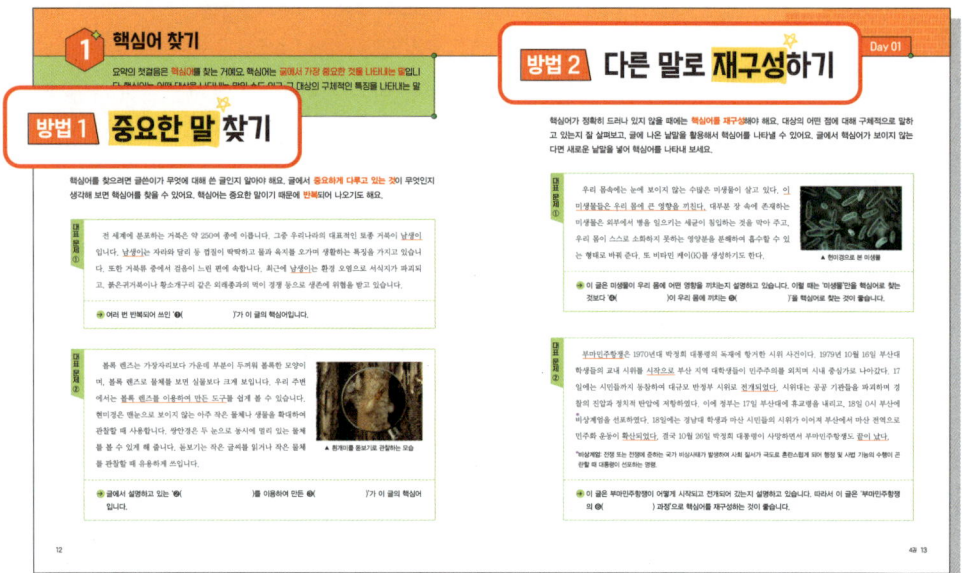

핵심어를 찾는 두 가지 방법을 배우고 대표 문제와 연습 문제를 풀면서 핵심어 찾기 기술을 익힙니다.

2단계 중심 문장 찾기

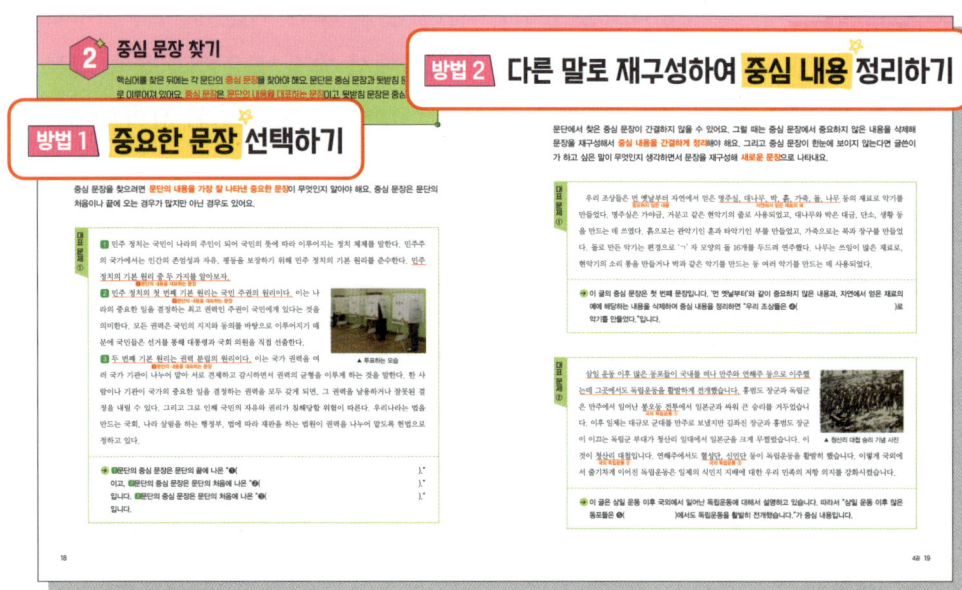

문단의 중심 문장을 찾는 방법을 배우고 대표 문제와 연습 문제를 풀면서 중심 문장을 찾는 기술을 익힙니다.

*각 권은 기본 파트와 실전 파트로 구성되어 있고 30일 만에 완성할 수 있습니다. 기본 파트는 4단계, 실전 파트는 25개의 지문으로 구성되어 있습니다. 각자의 속도에 맞춰 학습을 진행하세요.

3단계 글의 짜임에 맞게 정리하기 ①, ②

글의 짜임 네 가지를 배우고, 대표 문제와 연습 문제를 풀면서 각 짜임에 알맞은 틀에 글의 내용을 정리하는 연습을 합니다. 이를 통해 글의 핵심 내용을 파악하는 능력을 기를 수 있습니다.

방법 1. 나열 짜임

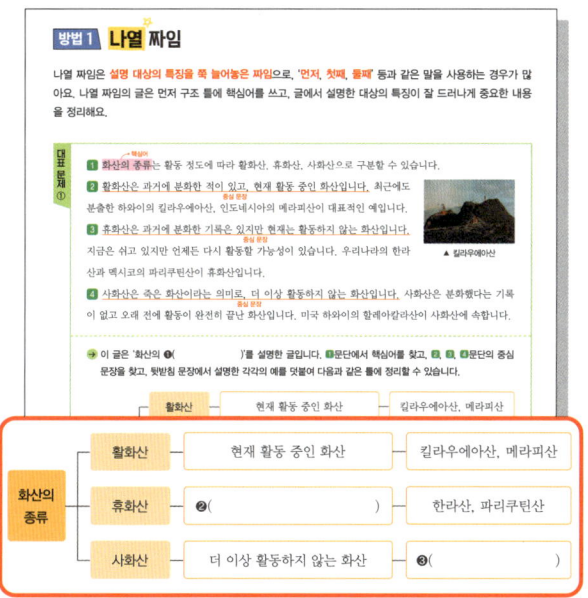

방법 2. 순서 짜임

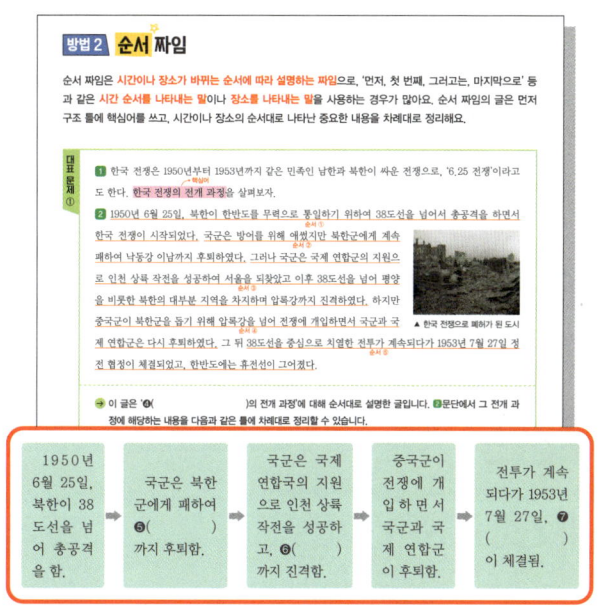

방법 3. 비교와 대조 짜임

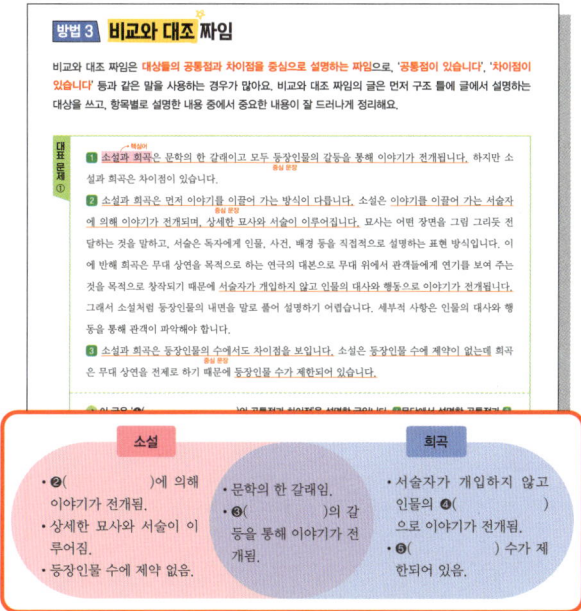

방법 4. 문제와 해결 짜임

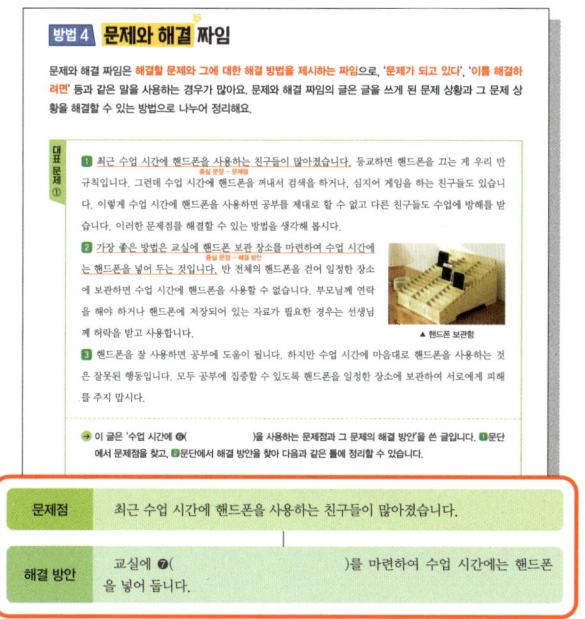

4단계 요약하기

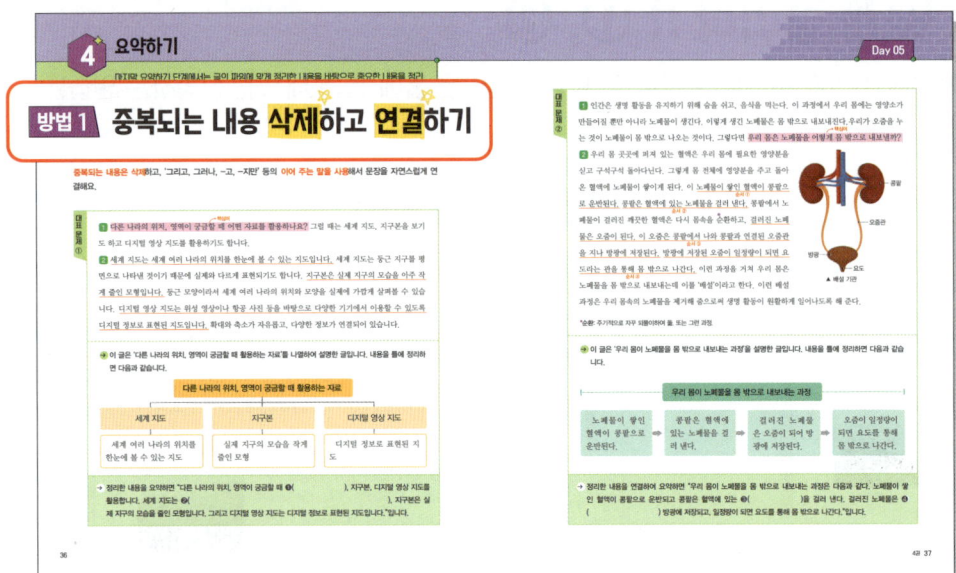

중복되는 말을 삭제하고 이어 주는 말을 사용하여 요약하는 방법을 배우고, 대표 문제를 풀어 봅니다.

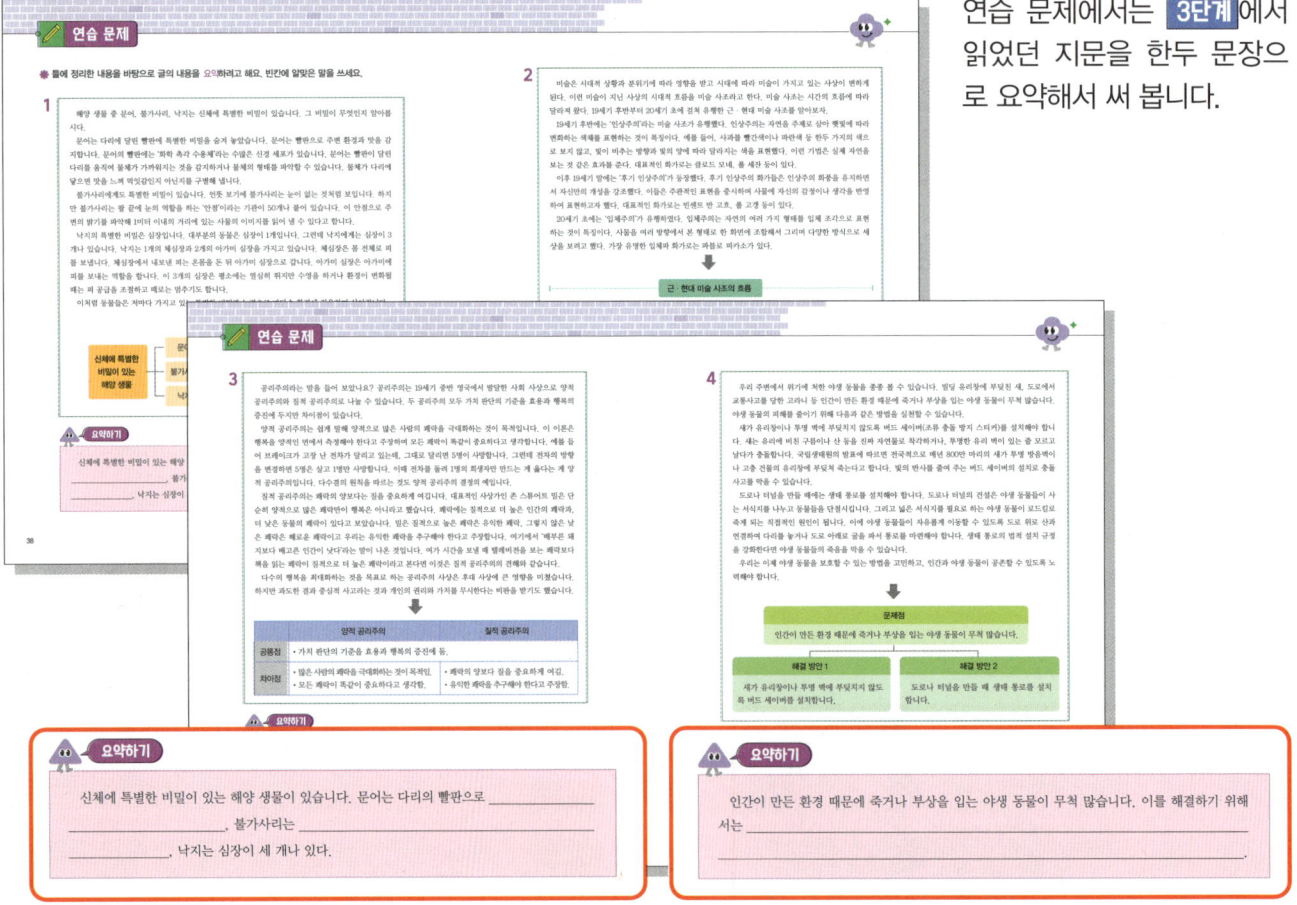

연습 문제에서는 **3단계**에서 읽었던 지문을 한두 문장으로 요약해서 써 봅니다.

실전 요약 기술 적용

앞에서 배운 요약 4단계 기술을 긴 글에 적용해 보며 실전 독해에 대비합니다.

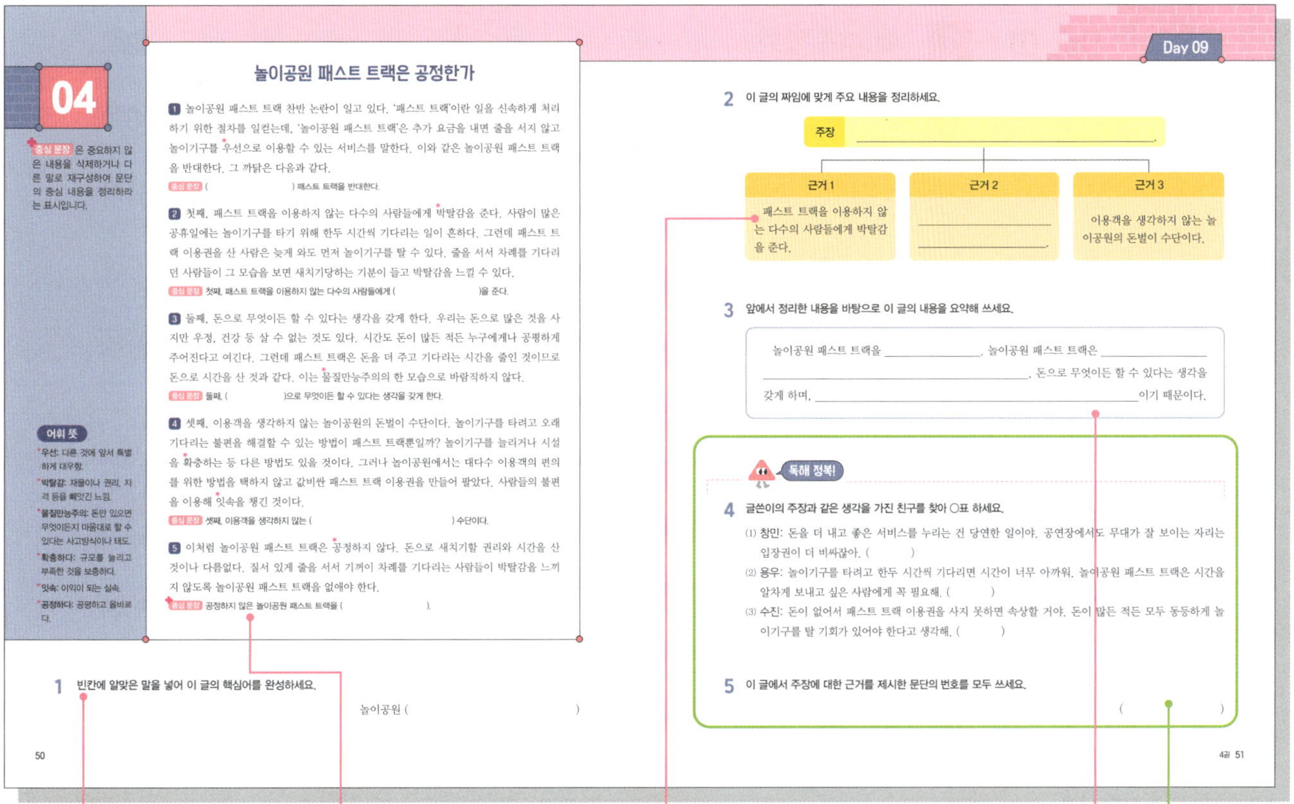

1단계 핵심어 찾기

2단계 중심 문장 찾기

중심 문장은 문단 안에서 중심 문장을 그대로 찾아 쓰면 됩니다.

중심 문장은 중심 문장을 스스로 재구성하여 정리합니다.

중심 문장을 찾는 두 가지 경우를 구분하여 연습할 수 있게 하였습니다.

3단계 글의 짜임에 맞게 정리하기

4단계 요약하기

독해 정복!

4단계에 거쳐 요약을 마친 후 실전 독해 문제를 풀어 봅니다. 글의 내용을 요약하며 읽으면 독해 문제를 쉽게 풀 수 있습니다.

이 책의 차례

기본 | 요약 기술 훈련

Day 01	1	핵심어 찾기	12쪽
Day 02	2	중심 문장 찾기	18쪽
Day 03	3	글의 짜임에 맞게 정리하기 ①	24쪽
Day 04		글의 짜임에 맞게 정리하기 ②	30쪽
Day 05	4	요약하기	36쪽

실전 | 요약 기술 적용

Day 06	01	입으면 힘이 세지는 웨어러블 로봇	과학	44쪽
Day 07	02	조선의 대표 궁궐 경복궁		46쪽
Day 08	03	식물 세포와 동물 세포	과학	48쪽
Day 09	04	놀이공원 패스트 트랙은 공정한가		50쪽
Day 10	05	지구촌을 누비는 한국 국제 협력단	사회	52쪽
Day 11	06	사막화로 메말라 가는 지구		54쪽
Day 12	07	여러 가지 기체의 쓰임새	과학	56쪽
Day 13	08	판소리와 창극		58쪽
Day 14	09	가야금은 어떻게 만들까?		60쪽
Day 15	10	오르락내리락 환율이 미치는 영향	사회	62쪽

Day 16	11	편견과 차별은 이제 그만!	사회	64쪽
Day 17	12	알록달록 색은 어떤 속성이 있을까?	미술	66쪽
Day 18	13	가마솥과 전기 압력밥솥		68쪽
Day 19	14	악덕 소비자, 블랙 컨슈머		70쪽
Day 20	15	우리 몸은 자극에 어떻게 반응할까?	과학	72쪽

Day 21	16	가난한 지구촌 사람들	사회	74쪽
Day 22	17	반려동물 보유세를 도입하자		76쪽
Day 23	18	세계의 다양한 모자	사회	78쪽
Day 24	19	흑연과 다이아몬드		80쪽
Day 25	20	씨야, 멀리멀리 퍼져라	과학	82쪽

Day 26	21	일기 예보는 어떻게 만들어질까?		84쪽
Day 27	22	풍자와 해학		86쪽
Day 28	23	전쟁을 멈추자		88쪽
Day 29	24	위험한 가짜 뉴스		90쪽
Day 30	25	우리가 나라의 주인이에요	사회	92쪽

정답 및 해설   95쪽

요약 전, 알고 있어야 할 것들

 '글'은 무엇으로 이루어져 있나요?

문장이 모여 문단을 이루고 문단이 모여 글을 이루어요. 문단은 문장이 여러 개 모여 한 가지 생각을 나타내는 것이에요. 문단은 줄이 바뀌는 부분을 찾으면 쉽게 구분할 수 있어요. 다음 글을 살펴봐요.

글

 1 씨름은 우리나라에서 오래전부터 해 온 민속놀이이자 운동 경기입니다. 씨름은 두 사람이 상대방의 샅바를 잡고 힘과 기술을 겨루어 상대를 넘어뜨리는 것으로 승부를 겨룹니다. 두 명 중 먼저 넘어지거나 손이나 무릎이 먼저 땅에 닿은 사람이 지게 됩니다.

 2 씨름은 예절을 중요하게 여기는 운동 경기로 상대방을 향한 인사로 경기를 시작합니다. 그리고 마주 앉아 왼손으로 다리샅바를 잡고, 오른손으로 허리샅바를 잡은 후 일어서서 준비 자세를 취합니다. 심판의 호각 소리와 함께 경기가 시작되면 선수는 손 기술, 다리 기술, 허리 기술, 혼합 기술 등의 다양한 기술을 사용하여 상대를 넘어뜨립니다. 경기 후 서로 인사하며 마무리합니다.

 3 우리 조상들은 씨름을 주로 단오와 추석에 즐겨 하였습니다. 씨름판에서 맨 마지막으로 이기는 사람에게 황소 한 마리를 상으로 주기도 했습니다.

이 글은 **3개의 문단**으로 이루어져 있어.
1 문단은 3개의 문장으로 이루어져 있고,
2 문단은 4개의 문장으로 이루어져 있어.
3 문단은 2개의 문장으로 이루어져 있어.

'글'은 어떤 구조로 이루어져 있나요?

글의 구조는 글의 종류에 따라 달라요. 설명하는 글은 '처음-가운데-끝'으로 이루어져 있고, 주장하는 글은 '서론-본론-결론'으로 이루어져 있어요. 글의 구조를 파악하고 글을 읽으면 요약독해가 더 쉽답니다. 글의 각 부분에는 다음과 같은 내용이 들어가요.

설명하는 글

1 뼈는 사람의 골격을 이루는 가장 단단한 조직 중의 하나로, 사람의 몸을 만드는 데 중심이 됩니다. 뼈는 다음과 같은 중요한 일을 합니다. — **처음** 설명 대상을 밝힘.

2 첫째, 뼈는 체형의 틀을 이루고 뼈 주위에 있는 기관이나 조직들이 뼈에 의지하도록 버티는 역할을 합니다.

3 둘째, 뼈는 몸속의 기관들을 보호합니다. 둥근 모양의 머리뼈는 뇌를 보호해 주고, 갈비뼈는 심장과 간, 폐 등을 보호해 줍니다. — **가운데** 문단을 나누어 주제에 맞게 설명함.

4 셋째, 뼈는 몸을 움직일 수 있게 해 줍니다. 좌우로 움직일 수 있는 목뼈, 빙글빙글 돌릴 수 있는 팔뼈, 구부릴 수 있는 등뼈 등이 우리 몸을 움직일 수 있게 합니다.

5 이처럼 뼈는 우리 몸속에서 다양한 일을 하고 있습니다. — **끝** 설명한 내용을 요약하고 마무리함.

주장하는 글

1 전 세계에서 시행되고 있는 동물 실험으로 매년 약 6억 마리의 동물들이 희생됩니다. 인간을 위한 목적으로 동물 실험을 하지만, 동물 실험은 중단되어야 합니다. 동물 실험을 중단해야 하는 까닭은 다음과 같습니다. — **서론** 문제 상황과 주장을 밝힘.

2 첫째, 동물 실험은 동물을 학대하는 것입니다. 인간의 생명만 소중한 것이 아니라 동물의 생명도 소중합니다.

3 둘째, 인간과 동물은 다르기 때문에 동물 실험의 결과를 인간에게 그대로 적용할 수 없는 경우가 많습니다. — **본론** 주장에 대한 근거를 제시함.

4 모든 생명은 소중합니다. 더 이상 동물 실험으로 불쌍한 동물들이 희생되지 않도록 해야 합니다. — **결론** 주장을 요약하고 강조함.

기본
요약 기술 훈련

'요약독해' 출발점에 선 친구들을 환영합니다. 기본 파트에서는 요약 기술 훈련을 합니다. 요약을 할 때는 가장 먼저 핵심어를 찾고, 중심 문장을 찾습니다. 그다음은 글의 구조를 파악하고 짜임에 맞게 틀 안에 정리를 합니다. 글을 시각적으로 구조화시키며 읽으면 핵심을 파악하는 능력이 길러집니다. 마지막 단계에서는 앞에서 정리한 내용을 바탕으로 스스로 요약을 합니다. 4단계의 요약 기술 훈련을 무사히 마친다면, 독해 자신감이 장착될 거예요. 이제 함께 출발해 봅시다.

학습 계획표

학습 내용	날짜	확인
❶ 핵심어 찾기	Day 01 /	
❷ 중심 문장 찾기	Day 02 /	
❸ 글의 짜임에 맞게 정리하기 ①, ②	Day 03 /	
	Day 04 /	
❹ 요약하기	Day 05 /	

1 핵심어 찾기

요약의 첫걸음은 **핵심어**를 찾는 거예요. 핵심어는 **글에서 가장 중요한 것을 나타내는 말**입니다. 핵심어는 어떤 대상을 나타내는 말일 수도 있고, 그 대상의 구체적인 특징을 나타내는 말일 수도 있어요.

방법 1 중요한 말 찾기

핵심어를 찾으려면 글쓴이가 무엇에 대해 쓴 글인지 알아야 해요. 글에서 **중요하게 다루고 있는 것**이 무엇인지 생각해 보면 핵심어를 찾을 수 있어요. 핵심어는 중요한 말이기 때문에 **반복**되어 나오기도 해요.

대표 문제 ①

　전 세계에 분포하는 거북은 약 250여 종에 이릅니다. 그중 우리나라의 대표적인 토종 거북이 남생이입니다. 남생이는 자라와 달리 등 껍질이 딱딱하고 물과 육지를 오가며 생활하는 특징을 가지고 있습니다. 또한 거북류 중에서 걸음이 느린 편에 속합니다. 최근에 남생이는 환경 오염으로 서식지가 파괴되고, 붉은귀거북이나 황소개구리 같은 외래종과의 먹이 경쟁 등으로 생존에 위협을 받고 있습니다.

→ 여러 번 반복되어 쓰인 '❶(　　　　　)'가 이 글의 핵심어입니다.

대표 문제 ②

　볼록 렌즈는 가장자리보다 가운데 부분이 두꺼워 볼록한 모양이며, 볼록 렌즈로 물체를 보면 실물보다 크게 보입니다. 우리 주변에서는 볼록 렌즈를 이용하여 만든 도구를 쉽게 볼 수 있습니다. 현미경은 맨눈으로 보이지 않는 아주 작은 물체나 생물을 확대하여 관찰할 때 사용합니다. 쌍안경은 두 눈으로 동시에 멀리 있는 물체를 볼 수 있게 해 줍니다. 돋보기는 작은 글씨를 읽거나 작은 물체를 관찰할 때 유용하게 쓰입니다.

▲ 흰개미를 돋보기로 관찰하는 모습

→ 글에서 설명하고 있는 '❷(　　　　　)를 이용하여 만든 ❸(　　　　　)'가 이 글의 핵심어입니다.

방법 2 다른 말로 재구성하기

핵심어가 정확히 드러나 있지 않을 때에는 **핵심어를 재구성**해야 해요. 대상의 어떤 점에 대해 구체적으로 말하고 있는지 잘 살펴보고, 글에 나온 낱말을 활용해서 핵심어를 나타낼 수 있어요. 글에서 핵심어가 보이지 않는다면 새로운 낱말을 넣어 핵심어를 나타내 보세요.

대표 문제 ①

우리 몸속에는 눈에 보이지 않는 수많은 미생물이 살고 있다. 이 미생물들은 우리 몸에 큰 영향을 끼친다. 대부분 장 속에 존재하는 미생물은 외부에서 병을 일으키는 세균이 침입하는 것을 막아 주고, 우리 몸이 스스로 소화하지 못하는 영양분을 분해하여 흡수할 수 있는 형태로 바꿔 준다. 또 비타민 케이(K)를 생성하기도 한다.

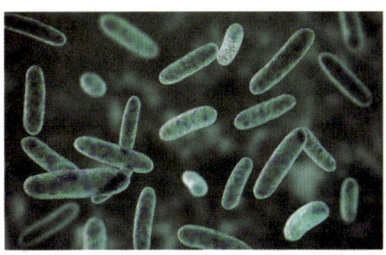
▲ 현미경으로 본 미생물

→ 이 글은 미생물이 우리 몸에 어떤 영향을 끼치는지 설명하고 있습니다. 이럴 때는 '미생물'만을 핵심어로 찾는 것보다 '❹(   )이 우리 몸에 끼치는 ❺(   )'을 핵심어로 찾는 것이 좋습니다.

대표 문제 ②

부마민주항쟁은 1970년대 박정희 대통령의 독재에 항거한 시위 사건이다. 1979년 10월 16일 부산대 학생들의 교내 시위를 시작으로 부산 지역 대학생들이 민주주의를 외치며 시내 중심가로 나아갔다. 17일에는 시민들까지 동참하여 대규모 반정부 시위로 전개되었다. 시위대는 공공 기관들을 파괴하며 경찰의 진압과 정치적 탄압에 저항하였다. 이에 정부는 17일 부산대에 휴교령을 내리고, 18일 0시 부산에 *비상계엄을 선포하였다. 18일에는 경남대 학생과 마산 시민들의 시위가 이어져 부산에서 마산 전역으로 민주화 운동이 확산되었다. 결국 10월 26일 박정희 대통령이 사망하면서 부마민주항쟁도 끝이 났다.

*비상계엄: 전쟁 또는 전쟁에 준하는 국가 비상사태가 발생하여 사회 질서가 극도로 혼란스럽게 되어 행정 및 사법 기능의 수행이 곤란할 때 대통령이 선포하는 명령.

→ 이 글은 부마민주항쟁이 어떻게 시작되고 전개되어 갔는지 설명하고 있습니다. 따라서 이 글은 '부마민주항쟁의 ❻(   ) 과정'으로 핵심어를 재구성하는 것이 좋습니다.

연습 문제

1 다음 글의 핵심어를 찾아 ○표 하세요.

1

　천마총은 신라 시대 왕의 무덤으로 밑 둘레 157미터, 높이 12.7미터의 큰 규모를 자랑한다. 5~6세기경에 축조된 것으로 추정되며, 발굴 조사 과정에서 천마도(말이 하늘을 나는 그림)가 그려진 *말다래가 발견되어 '천마총'이라는 이름이 생겼다. 천마총에는 천마도 외에 금관, 금 허리띠, 관모 등 11,600여 점의 유물이 출토되어 신라의 찬란한 문화와 뛰어난 금속 공예 수준을 엿볼 수 있다.

*말다래: 말을 탄 사람의 옷에 흙이 튀지 않도록 가죽 같은 것을 말의 안장 양쪽에 달아 늘어뜨려 놓은 기구.

① 말다래　　　　② 왕의 무덤　　　　③ 천마총

2

　'우리는 빵을 팔기 위해 고용하는 것이 아니라, 고용하기 위해 빵을 팝니다'라는 슬로건을 내건 기업이 있습니다. 이런 기업을 '사회적 기업'이라고 합니다. 사회적 기업은 사회적 가치 추구를 최우선 목표로 삼고, 이를 위해 경제 활동을 하는 기업을 말합니다. 이윤 창출을 추구하지만, 그보다 사회적 가치와 공익 실현에 더욱 중점을 둡니다. 재활용이 가능한 환경친화적인 상자를 제작하는 기업, 결식아동에게 도시락을 만들어 배달하는 기업 등이 사회적 기업의 예시입니다.

① 경제 활동　　　　② 사회적 기업　　　　③ 사회적 가치

3

　속담은 삶의 지혜와 교훈을 담고 있습니다. 그중에서도 식물과 관련된 속담은 식물의 특성을 비유적으로 표현하여 삶에 대한 통찰을 보여 줍니다. '뿌리 깊은 나무 가뭄 안 탄다'라는 속담은 땅속 깊이 뿌리 내린 나무는 가뭄에 말라 죽는 일이 없다는 뜻으로, 마음이 굳건한 사람은 어려운 일을 만나도 잘 견뎌 낸다는 의미를 담고 있습니다. '벼 이삭은 익을수록 고개를 숙인다'라는 속담은 벼가 완전히 익으면 이삭의 무게 때문에 고개를 숙이는 것처럼, 교양이 있고 수양을 쌓은 사람일수록 겸손하다는 것을 비유적으로 표현한 것입니다. 이처럼 식물과 관련된 속담은 우리에게 많은 가르침을 줍니다.

① 식물과 관련된 속담　　　　② 지혜가 담긴 속담　　　　③ 속담의 비유적 표현

2 다음 글의 핵심어를 찾아 쓰세요.

1

　땅밀림은 산사태와 유사한 현상으로 땅속 깊은 곳의 점토층이나 지하수가 상승하면서 토층* 전체가 천천히 이동하는 것을 말한다. 주로 도로, 택지 등의 개발로 인해 발생하며, 산사태와 달리 비가 오지 않는 경우에도 일어날 수 있다. 땅밀림은 발생 속도가 느려 미리 알아채기 어렵고, 땅이 갑자기 무너져 내리면 넓은 지역에 걸쳐 큰 피해를 주기 때문에 산사태보다 위험하다. 땅밀림 피해를 예방하기 위해서는 지속적인 실태 조사와 신속한 대응 체계 구축이 필요하다.

*토층: 지각 맨 윗부분의 흙으로 된 층.

(　　　　　　　　　)

2

　한국의 직장인들은 긴 근무 시간과 업무 중심의 생활로 인해 번아웃 증후군을 겪는 경우가 많다. 번아웃 증후군은 업무에 몰두하던 사람이 극도의 스트레스와 피로감을 느끼고, 무기력증이나 자신에 대한 혐오감, 업무에 대한 거부감에 빠지는 증상이다. 한 설문 조사에 따르면 직장인 1,000명 중 79.4퍼센트가 번아웃 증후군을 경험한 것으로 나타났다. 이러한 문제를 해결하기 위해서는 일과 개인적인 생활의 균형을 유지하는 것이 중요하다.

(　　　　　　　　　)

3

　북극성은 일 년 내내 북쪽 하늘에서 밝게 빛나는 별입니다. 옛날 사람들은 북극성을 기준으로 방향을 찾았습니다. 밤하늘에서 별자리를 이용하여 북극성을 찾는 방법은 두 가지입니다. 북두칠성의 국자 모양 끝에 있는 두 별을 이은 선을 다섯 배 정도 연장하면 북극성을 발견할 수 있습니다. 또 카시오페이아자리를 이용하여 찾을 수도 있습니다. 카시오페이아자리에서 양쪽 끝의 두 별끼리 연결한 선이 만나는 점을 찾습니다. 그 점과 중심에 있는 별을 연결한 선의 다섯 배 정도 나아가면 북극성이 보입니다.

▲ 북극성을 찾는 방법

(　　　　　　　　　)

연습 문제

3 다음 글의 핵심어를 찾아 ○표 하세요.

1
커피가 어떻게 생겨났는지에 대해서 여러 가지 설이 있는데, 가장 널리 알려진 것은 에티오피아의 목동 칼디가 발견했다는 이야기입니다. 기원전 6~7세기경, 에티오피아의 고원 지대에서 염소를 기르던 칼디는 어느 날 염소들이 평소와 달리 흥분하고 잠들지 않는 모습을 보았습니다. 원인을 찾던 칼디는 염소들이 먹고 있던 붉은 열매를 따서 이를 자신도 먹어 보았습니다. 그랬더니 머리가 맑아지고 기분이 좋아지는 것을 느꼈습니다. 그는 이 사실을 인근 이슬람 사원의 수도승에게 알렸습니다. 붉은 열매가 가진 효능은 입소문을 타고 퍼졌고, 커피는 졸음을 막는 신비의 열매로 알려지면서 여러 사원으로 전파되었습니다.

① 커피의 기원　　② 커피를 즐겨 먹는 나라　　③ 커피가 주는 효능

2
반짝반짝 빛을 내는 반딧불이는 주로 이슬을 먹고 삽니다. 입이 퇴화하여 먹이를 잡아먹을 수 없기 때문입니다. 하지만 애벌레일 때는 다릅니다. 애반딧불이는 애벌레일 때 살아 있는 다슬기를 소화액으로 녹여 먹습니다. 또 늦반딧불이의 애벌레는 자기 몸집 만한 달팽이를 잡아먹습니다.

▲ 숲속의 반딧불이

① 반딧불이의 종류　　② 반딧불이의 생활 습관　　③ 반딧불이의 먹이

3
숲이나 공원에 가면 모양과 크기가 각기 다른 소나무들을 볼 수 있습니다. 그런데 소나무도 잘생긴 명품 소나무가 따로 있다고 합니다. 어떤 소나무가 명품 소나무일까요? 우선 전체적인 모양이 우산처럼 둥글거나 삼각형 모양을 이루는 것이 좋습니다. 곧은 줄기보다는 자연스럽게 구부러진 형태가 멋스러우며 가지의 마디가 좁고 짧은 잎을 가져야 합니다. 나무껍질은 거북 등처럼 갈라져 있고 줄기 윗부분이 붉은색을 띠어야 합니다.

① 소나무의 가치　　② 명품 소나무의 조건　　③ 소나무의 종류

4 다음 빈칸에 알맞은 말을 넣어 **핵심어**를 완성하세요.

1

　최근 음식점, 영화관 등 곳곳에서 무인 주문기인 키오스크가 널리 쓰이고 있다. 주문할 때 사람을 대면하지 않아도 되고 시간을 절약할 수 있기 때문이다. 하지만 디지털 소외 계층은 키오스크를 이용하기 힘들다는 문제점이 있다. 시각 장애인은 키오스크가 점자 키보드나 음성 안내를 제공하지 않기 때문에 이용이 불가능하다. 휠체어를 탄 사람도 키오스크 화면에 손이 닿지 않아 키오스크를 사용할 수 없다. 또 디지털 기기 사용에 익숙하지 않은 노령층도 키오스크를 사용하기 어렵다.

(　　　　　　　　　)의 문제점

2

　'아수라장'은 고대 인도 신화에 나오는 신 '아수라'와 장소의 뜻을 더하는 말인 '장'이 합쳐진 말이다. 싸움을 좋아하는 아수라는 툭하면 싸움을 벌여 아수라가 있는 곳은 전쟁터가 되었다. 고대 인도의 시에서는 비슈누 신이 아수라를 벌하기 위해 공격을 하여 피를 흘린 아수라의 시체가 겹겹이 쌓여 있는 모습을 그렸다. 여기에서 끔찍한 전쟁터나 흐트러진 현장을 뜻하는 '아수라장'이 생겨났다. 이 말은 우리말로 전해지면서 '싸움이나 그 밖의 다른 일로 큰 혼란에 빠진 곳. 또는 그런 상태.'를 뜻하게 되었다.

'아수라장'의 (　　　　　　)

3

　젠트리피케이션이란 도심의 낙후 지역에 변화가 일어나 땅값과 집값이 올라서 원래 살던 사람들이 다른 지역으로 밀려나는 현상을 말한다. 그 진행 과정을 좀 더 자세히 살펴보자. 젠트리피케이션은 도심의 낙후 지역에 싼 임대료를 찾는 예술가, 자영업자들이 들어와 작은 문화 시설, 카페, 옷 가게 등을 하며 시작된다. 이들의 활동으로 지역의 분위기가 특색 있고 활기차게 변화하면 자연스럽게 이곳을 찾는 사람들이 증가하면서 지역의 부동산 가치가 오른다. 이로 인해 처음에 이곳에 들어온 사람들은 결국 높아진 임대료를 감당하지 못하고 다른 지역으로 이주하게 된다.

젠트리피케이션의 진행 (　　　　　　)

2 중심 문장 찾기

핵심어를 찾은 뒤에는 각 문단의 **중심 문장**을 찾아야 해요. 문단은 중심 문장과 뒷받침 문장으로 이루어져 있어요. **중심 문장**은 **문단의 내용을 대표하는 문장**이고, 뒷받침 문장은 중심 문장을 덧붙여 설명하거나 예를 드는 방법으로 도와주는 문장이에요.

방법 1 | 중요한 문장 선택하기

중심 문장을 찾으려면 **문단의 내용을 가장 잘 나타낸 중요한 문장**이 무엇인지 알아야 해요. 중심 문장은 문단의 처음이나 끝에 오는 경우가 많지만 아닌 경우도 있어요.

대표 문제 ①

1 민주 정치는 국민이 나라의 주인이 되어 국민의 뜻에 따라 이루어지는 정치 체제를 말한다. 민주주의 국가에서는 인간의 존엄성과 자유, 평등을 보장하기 위해 민주 정치의 기본 원리를 준수한다. <u>민주 정치의 기본 원리 중 두 가지를 알아보자.</u>
➊ 문단의 내용을 대표하는 문장

2 <u>민주 정치의 첫 번째 기본 원리는 국민 주권의 원리이다.</u> 이는 나
➋ 문단의 내용을 대표하는 문장
라의 중요한 일을 결정하는 최고 권력인 주권이 국민에게 있다는 것을 의미한다. 모든 권력은 국민의 지지와 동의를 바탕으로 이루어지기 때문에 국민들은 선거를 통해 대통령과 국회 의원을 직접 선출한다.

3 <u>두 번째 기본 원리는 권력 분립의 원리이다.</u> 이는 국가 권력을 여
➌ 문단의 내용을 대표하는 문장
러 국가 기관이 나누어 맡아 서로 견제하고 감시하면서 권력의 균형을 이루게 하는 것을 말한다. 한 사람이나 기관이 국가의 중요한 일을 결정하는 권력을 모두 갖게 되면, 그 권력을 남용하거나 잘못된 결정을 내릴 수 있다. 그리고 그로 인해 국민의 자유와 권리가 침해당할 위험이 따른다. 우리나라는 법을 만드는 국회, 나라 살림을 하는 행정부, 법에 따라 재판을 하는 법원이 권력을 나누어 맡도록 헌법으로 정하고 있다.

▲ 투표하는 모습

→ 1문단의 중심 문장은 문단의 끝에 나온 "➊(　　　　　　　　　　)."
이고, 2문단의 중심 문장은 문단의 처음에 나온 "➋(　　　　　　　　　　)."
입니다. 3문단의 중심 문장은 문단의 처음에 나온 "➌(　　　　　　　　　　)."
입니다.

방법 2 다른 말로 재구성하여 중심 내용 정리하기

문단에서 찾은 중심 문장이 간결하지 않을 수 있어요. 그럴 때는 중심 문장에서 중요하지 않은 내용을 삭제해 문장을 재구성해서 **중심 내용을 간결하게 정리**해야 해요. 그리고 중심 문장이 한눈에 보이지 않는다면 글쓴이가 하고 싶은 말이 무엇인지 생각하면서 문장을 재구성해 **새로운 문장**으로 나타내요.

대표 문제 ①

　우리 조상들은 먼 옛날부터 자연에서 얻은 명주실, 대나무, 박, 흙, 가죽, 돌, 나무 등의 재료로 악기를 만들었다. 명주실은 가야금, 거문고 같은 현악기의 줄로 사용되었고, 대나무와 박은 대금, 단소, 생황 등을 만드는 데 쓰였다. 흙으로는 관악기인 훈과 타악기인 부를 만들었고, 가죽으로는 북과 장구를 만들었다. 돌로 만든 악기는 편경으로 'ㄱ' 자 모양의 돌 16개를 두드려 연주했다. 나무는 쓰임이 많은 재료로, 현악기의 소리 통을 만들거나 박과 같은 악기를 만드는 등 여러 악기를 만드는 데 사용되었다.

→ 이 글의 중심 문장은 첫 번째 문장입니다. '먼 옛날부터'와 같이 중요하지 않은 내용과, 자연에서 얻은 재료의 예에 해당하는 내용을 삭제하여 중심 내용을 정리하면 "우리 조상들은 ❹(　　　　　)로 악기를 만들었다."입니다.

대표 문제 ②

　삼일 운동 이후 많은 동포들이 국내를 떠나 만주와 연해주 등으로 이주했는데 그곳에서도 독립운동을 활발하게 전개했습니다. 홍범도 장군과 독립군은 만주에서 일어난 봉오동 전투에서 일본군과 싸워 큰 승리를 거두었습니다. 이후 일제는 대규모 군대를 만주로 보냈지만 김좌진 장군과 홍범도 장군이 이끄는 독립군 부대가 청산리 일대에서 일본군을 크게 무찔렀습니다. 이것이 청산리 대첩입니다. 연해주에서도 혈성단, 신민단 등이 독립운동을 활발히 했습니다. 이렇게 국외에서 줄기차게 이어진 독립운동은 일제의 식민지 지배에 대한 우리 민족의 저항 의지를 강화시켰습니다.

▲ 청산리 대첩 승리 기념 사진

→ 이 글은 삼일 운동 이후 국외에서 일어난 독립운동에 대해서 설명하고 있습니다. 따라서 "삼일 운동 이후 많은 동포들은 ❺(　　　　　)에서도 독립운동을 활발히 전개했습니다."가 중심 내용입니다.

연습 문제

1 다음 ㉠과 ㉡ 중 문단의 중심 문장을 찾아 기호를 쓰세요.

1
　㉠옷을 생산하고 소비하는 과정에서 많은 환경 오염이 일어난다. 옷을 만들 때 사용하는 화학 물질과 염료 등은 물을 오염시킨다. 전 세계 하천 오염의 약 20퍼센트는 옷의 염색 과정에서 발생한다. 옷을 세탁할 때 나오는 미세 플라스틱은 해양 오염을 일으킨다. 합성 섬유로 만들어진 티셔츠 한 벌을 세탁하면 미세 플라스틱이 70만 개나 생겨 바다로 흘러간다. 버려진 옷을 처리하는 과정에서도 환경이 파괴된다. 옷을 태울 때 나오는 이산화 탄소와 다이옥신은 공기를 오염시킨다. 또 ㉡옷을 땅에 묻으면 옷에서 나오는 유독한 화학 성분이 토양을 오염시킨다.

(　　　)

2
　㉠배리어 프리(barrier free)란 장애인, 노인 등 사회적 약자들이 편하게 살아갈 수 있는 사회를 만들기 위해 물리적, 제도적 장벽을 허물자는 운동 및 정책을 말합니다. 예를 들어 시각 장애인이 영화를 즐길 수 있도록 기존 영화에 화면을 설명해 주는 음성 해설을 넣고, 청각 장애인을 위해 대사, 음악, 소리 정보를 알려 주는 자막을 넣는 것 등입니다. 또 ㉡휠체어를 탄 사람들이 편히 다닐 수 있도록 건물 출입구나 통행로에 턱과 계단을 없애는 것은 건축 분야에서 배리어 프리를 적용한 예입니다.

▲ 배리어 프리를 적용한 통행로

(　　　)

3
　하지 말라고 하면 오히려 더 하고 싶어질 때가 있습니다. ㉠어린아이들에게 과자를 먹지 못하게 하면 더 강하게 먹고 싶은 욕구를 느낀다는 실험 결과도 있지요. 1979년 미국에서 로마의 황제 칼리굴라의 생애를 그린 영화를 개봉했는데 잔혹한 장면들 때문에 일부 지역에서 상영을 금지했습니다. 그러자 많은 사람들이 이 영화를 궁금해하였고 다른 지역으로 가서 이 영화를 관람했습니다. 금지가 오히려 사람들의 관심을 불러일으킨 것입니다. 이처럼 ㉡금지된 것에 더욱 끌리는 심리적 현상을 '칼리굴라 효과'라고 합니다.

(　　　)

2 다음 문단의 중심 문장을 찾아 밑줄을 그으세요.

1
　매몰 비용은 이미 지출하여 회수할 수 없는 비용을 말한다. 우리가 여행을 위해 호텔 숙박료를 지불했다가 취소해야 할 일이 생기면 정해진 기간 내에 취소해야 전액 환불이 가능하다. 하지만 투숙 날짜와 가까운 날짜라면 숙박료 중 일부를 돌려받지 못하거나 전체를 돌려받지 못할 수도 있다. 이때 돌려받지 못하는 숙박료가 매몰 비용이다. 이외에도 기업의 광고 비용, 스포츠 선수의 연봉 또한 이미 지출되었지만 회수할 수 없는 비용인 매몰 비용이다.

2
　문화 사대주의란 다른 사회의 문화를 우수한 것으로 여기고, 자기 나라의 문화를 낮게 보는 태도를 가리킨다. 서양의 클래식 음악이 우리나라의 전통 음악보다 수준이 높다고 생각하거나 외국 상품을 무조건 선호하는 모습 등이 문화 사대주의의 예이다. 조선 시대에 양반들이 중국을 높이 떠받들던 태도도 문화 사대주의에 해당한다. 문화 사대주의가 지나치면 다른 사회의 문화를 아무런 비판 없이 수용하게 되고 자기 문화의 고유성과 주체성을 상실할 위험이 있다.

3
　가계와 기업은 서로 밀접한 관계를 맺으며 경제 활동을 한다. 가계는 기업이 생산한 물건을 구매하거나 서비스를 이용하고, 기업은 이를 통해 이윤을 얻는다. 또 기업은 물건이나 서비스를 생산하기 위해 가계에 일자리를 제공하며, 가계는 기업의 생산 활동에 참여하여 소득을 얻는다.

4
　대기 오염 문제를 해결하려면 오염 물질을 내뿜는 공장 가동을 모두 멈추고 자동차의 통행을 금지하면 된다. 하지만 이것을 실천하기는 어렵다. 그렇다면 어떻게 해야 할까? 우리는 오염된 공기를 정화하기 위해 숲을 가꾸어야 한다. 숲은 대기 중의 이산화 탄소를 흡수하고 산소를 공급해 준다. 그뿐만 아니라 숲은 미세 먼지 농도를 줄여 주는 효과도 있다.

연습 문제

3 다음 문단의 중심 내용을 바르게 정리한 것을 찾아 ○표 하세요.

1

　기후 변화, 환경 파괴 등으로 인해 야생 동식물이 감소하고 있습니다. 야생 동식물의 멸종을 막기 위해 야생 동식물을 보호하고 관리하는 일을 하는 직업이 있습니다. 바로 생태 복원 전문가입니다. 생태 복원 전문가는 산림이나 습지, 하천 등에서 생태계가 파괴된 곳을 회복시켜 야생 동식물이 안전하게 서식할 수 있는 환경을 조성합니다. 또 멸종 위기에 처한 동식물의 개체 수를 늘리고 복원합니다. 이러한 일은 생물 다양성을 보존하고 생태계의 균형을 유지하는 데 기여합니다.

① 생태 복원 전문가는 야생 동식물을 보호하고 관리하는 일을 합니다. (　　　)
② 기후 변화, 환경 파괴 등으로 인해 야생 동식물이 감소하고 있습니다. (　　　)

2

　북, 장구, 징, 꽹과리 등의 타악기를 이용한 전통 춤에는 대표적으로 두 가지가 있다. 먼저 장구춤은 농악의 *설장구 개인 놀이에서 유래하여 1930년대에 무용가 최승희에 의해 독립적인 무용 장르로 발전하였다. 장구를 어깨에 비스듬히 둘러메고 여러 장단을 치면서 그에 맞추어 춤을 춘다. 오고무는 세 방향에 걸어 놓은 다섯 개의 북을 치면서 추는 춤으로, 1940년대에 무용가 이매방에 의해 만들어졌다. 북의 수에 따라 삼고무, 오고무, 칠고무, 구고무, 십일고무 등으로 분류된다.

*설장구 개인 놀이: 농악대에서 장구를 치는 사람들 중 우두머리가 혼자 나와 멋진 재주와 솜씨를 보이는 놀이.

① 북, 장구, 징, 꽹과리는 우리의 전통 타악기이다. (　　　)
② 타악기를 이용한 전통 춤에는 대표적으로 장구춤과 오고무가 있다. (　　　)

3

　다른 나라와의 경제 교류로 우리 생활은 어떻게 달라졌을까? 예전에는 구하기 어려웠던 세계 여러 나라의 다양한 제품을 국내에서 쉽게 구매할 수 있게 되었다. 또한 수입품과 국산품이 소비자의 선택을 받기 위해 경쟁하면서 물건 및 서비스의 질이 향상되고 가격이 인하되었다. 그리고 우리나라 사람들이 외국 기업에서 일할 수 있는 기회가 늘어나 경제 활동 범위가 넓어졌다.

① 수입품과 국산품이 경쟁하면서 가격이 인하되었다. (　　　)
② 다른 나라와의 경제 교류로 우리 생활에 여러 변화가 생겼다. (　　　)

4 다음 빈칸에 알맞은 말을 넣어 문단의 중심 내용을 완성하세요.

1
　여러분은 혹시 간식으로 과자나 햄버거를 먹고 있나요? 몸이 쑥쑥 성장하는 성장기 어린이들은 인스턴트 식품보다 건강에 도움이 되는 간식을 먹는 것이 좋습니다. 감자, 고구마는 영양가가 있고 먹으면 든든합니다. 비타민이 풍부한 사과, 포도, 수박 등의 과일도 몸에 좋은 간식입니다. 우유, 치즈와 같은 유제품은 뼈를 튼튼하게 해 주기 때문에 어린이가 챙겨 먹어야 하는 간식입니다.

성장기 어린이들은 감자, 고구마, _____ 등의 간식을 먹는 것이 좋습니다.

2
　계절에 따라 밤하늘에 보이는 별자리가 다르다. 예를 들어 여름에는 전갈자리가 잘 보이는데 겨울에는 보이지 않는다. 왜 그런 걸까? 그것은 지구의 공전 때문이다. 지구는 태양의 주위를 일 년에 한 바퀴 돈다. 지구가 공전하는 동안 지구의 위치가 조금씩 달라지면서 우리가 볼 수 있는 별들의 위치가 변한다. 이로 인해 계절에 따라 보이는 별자리가 다른 것이다.

계절에 따라 보이는 별자리가 다른 까닭은 _____ 때문이다.

3
　동양과 서양의 인물화는 인물을 그리는 방식에 어떤 차이가 있을까? 왼쪽의 그림은 동양의 인물화이고, 오른쪽의 그림은 서양의 인물화이다. 인물화를 그릴 때 동양은 전체적인 모습과 분위기를 담기 위해 구도를 넓게 잡는다. 이에 반해 서양의 인물화는 구도를 좁게 잡고 반신상이 많다. 중심 사물에 집중하고 배경에는 신경을 쓰지 않는 것이다.

▲ 동양의 인물화　▲ 서양의 인물화

동양과 서양의 인물화는 _____ 이/가 다르다.

3. 글의 짜임에 맞게 정리하기 ①

핵심어와 중심 문장을 찾은 뒤에는 **글의 짜임**을 파악하고, 핵심어와 중심 문장을 이용해서 알맞은 틀에 정리해야 해요. 글의 짜임에 따라 뒷받침 문장의 내용을 덧붙여야 할 때도 있어요. 글의 짜임을 알면 글이 어떻게 전개되는지 파악할 수 있고, 요약도 잘할 수 있어요.

방법 1 나열 짜임

나열 짜임은 **설명 대상의 특징을 쭉 늘어놓은 짜임**으로, '**먼저, 첫째, 둘째**' 등과 같은 말을 사용하는 경우가 많아요. 나열 짜임의 글은 먼저 구조 틀에 핵심어를 쓰고, 글에서 설명한 대상의 특징이 잘 드러나게 중요한 내용을 정리해요.

대표 문제 ①

1 <u>화산의 종류</u>는 활동 정도에 따라 활화산, 휴화산, 사화산으로 구분할 수 있습니다. (핵심어)

2 <u>활화산은 과거에 분화한 적이 있고, 현재 활동 중인 화산입니다.</u> 최근에도 분출한 하와이의 킬라우에아산, 인도네시아의 메라피산이 대표적인 예입니다. (중심 문장)

3 <u>휴화산은 과거에 분화한 기록은 있지만 현재는 활동하지 않는 화산입니다.</u> 지금은 쉬고 있지만 언제든 다시 활동할 가능성이 있습니다. 우리나라의 한라산과 멕시코의 파리쿠틴산이 휴화산입니다. (중심 문장)

4 <u>사화산은 죽은 화산이라는 의미로, 더 이상 활동하지 않는 화산입니다.</u> 사화산은 분화했다는 기록이 없고 오래 전에 활동이 완전히 끝난 화산입니다. 미국 하와이의 할레아칼라산이 사화산에 속합니다. (중심 문장)

▲ 킬라우에아산

→ 이 글은 '화산의 ❶(　　　　)'를 설명한 글입니다. 1문단에서 핵심어를 찾고, 2, 3, 4문단의 중심 문장을 찾고, 뒷받침 문장에서 설명한 각각의 예를 덧붙여 다음과 같은 틀에 정리할 수 있습니다.

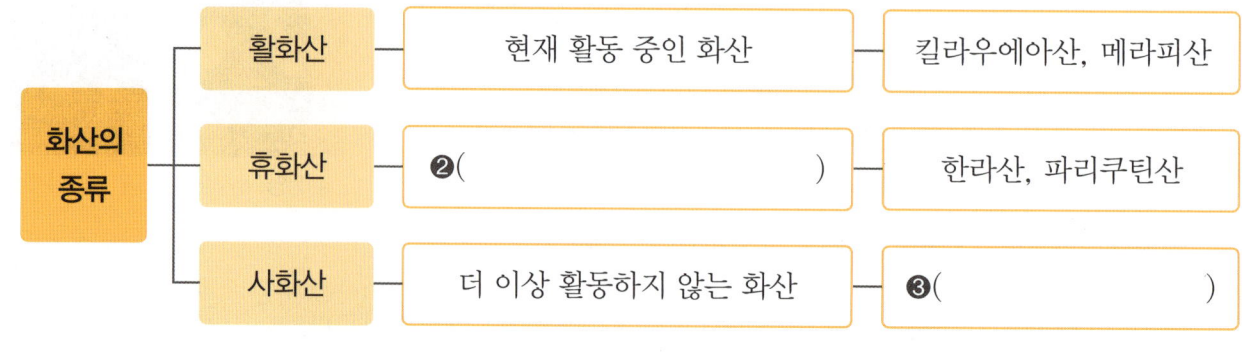

방법 2 순서 짜임

순서 짜임은 **시간이나 장소가 바뀌는 순서에 따라 설명하는 짜임**으로, '먼저, 첫 번째, 그러고는, 마지막으로' 등과 같은 **시간 순서를 나타내는 말**이나 **장소를 나타내는 말**을 사용하는 경우가 많아요. 순서 짜임의 글은 먼저 구조 틀에 핵심어를 쓰고, 시간이나 장소의 순서대로 나타난 중요한 내용을 차례대로 정리해요.

대표 문제 ①

1 한국 전쟁은 1950년부터 1953년까지 같은 민족인 남한과 북한이 싸운 전쟁으로, '6.25 전쟁'이라고도 한다. <u>한국 전쟁의 전개 과정</u>을 살펴보자. ←핵심어

2 1950년 6월 25일, 북한이 한반도를 무력으로 통일하기 위하여 38도선을 넘어서 총공격을 하면서 한국 전쟁이 시작되었다.〔순서 ①〕 국군은 방어를 위해 애썼지만 북한군에게 계속 패하여 낙동강 이남까지 후퇴하였다.〔순서 ②〕 그러나 국군은 국제 연합군의 지원으로 인천 상륙 작전을 성공하여 서울을 되찾았고 이후 38도선을 넘어 평양을 비롯한 북한의 대부분 지역을 차지하며 압록강까지 진격하였다.〔순서 ③〕 하지만 중국군이 북한군을 돕기 위해 압록강을 넘어 전쟁에 개입하면서 국군과 국제 연합군은 다시 후퇴하였다.〔순서 ④〕 그 뒤 38도선을 중심으로 치열한 전투가 계속되다가 1953년 7월 27일 정전 협정이 체결되었고, 한반도에는 휴전선이 그어졌다.〔순서 ⑤〕

▲ 한국 전쟁으로 폐허가 된 도시

→ 이 글은 '❹( )의 전개 과정'에 대해 순서대로 설명한 글입니다. **2**문단에서 그 전개 과정에 해당하는 내용을 다음과 같은 틀에 차례대로 정리할 수 있습니다.

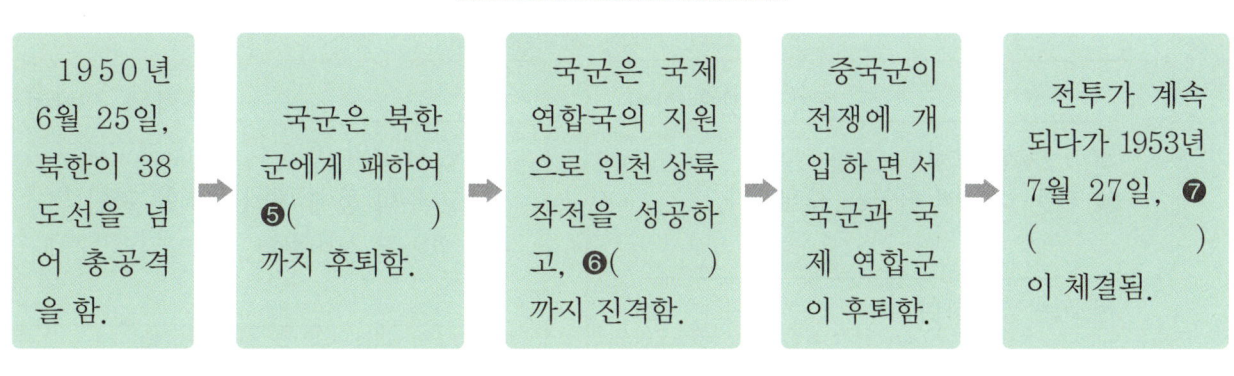

한국 전쟁의 전개 과정

| 1950년 6월 25일, 북한이 38도선을 넘어 총공격을 함. | → | 국군은 북한군에게 패하여 ❺( )까지 후퇴함. | → | 국군은 국제 연합국의 지원으로 인천 상륙 작전을 성공하고, ❻( )까지 진격함. | → | 중국군이 전쟁에 개입하면서 국군과 국제 연합군이 후퇴함. | → | 전투가 계속되다가 1953년 7월 27일, ❼( )이 체결됨. |

연습 문제

❋ 빈칸에 알맞은 말을 넣어 **나열 짜임**의 글을 정리하세요.

1

　판단이란 어떤 대상에 대하여 참과 거짓, 옳고 그름, 좋고 나쁨 등을 헤아려 가리는 인간의 *사유 작용을 말한다. 우리가 도덕적으로 행동하려면 올바른 판단이 필요한데, 판단은 크게 사실 판단과 가치 판단으로 나뉜다.

　사실 판단은 사실을 있는 그대로 말하는 판단으로 객관적으로 참과 거짓을 확인할 수 있는 판단을 말한다. 예를 들어, '세종 대왕이 한글을 창제했다.', '물은 100도에서 끓는다.'와 같은 것이 사실 판단이다. 사실 판단은 그 내용이 실제로 존재하는지 아닌지를 과학적, 역사적 탐구 등의 방법으로 *검증할 수 있기 때문에 참과 거짓을 가려낼 수 있다. 그렇다면 '지구는 평평하다'는 사실 판단일까, 아닐까? 사실 판단이다. 사실 판단은 그 판단 내용이 참인 것만을 의미하지는 않는다. 참인지 거짓인지 구분할 수 있는 판단 내용이 사실 판단인 것이다.

　가치 판단은 주관적인 가치에 근거하여 어떤 대상의 좋고 나쁨, 옳고 그름, 아름답고 추함 등에 대해 내리는 판단이다. 예를 들어 '고기를 싫어한다.'는 어떤 대상에 대한 좋고 나쁨을 나타내는 판단이다. '악성 댓글은 옳지 않다.'는 옳고 그름을 나타내는 판단이다. '모나리자의 미소는 아름답다.'는 어떤 대상의 아름답고 추함에 대한 판단이다. 이런 가치 판단은 개인의 가치관에 따라 판단의 결과가 달라질 수 있기 때문에 객관적으로 참과 거짓을 가려낼 수 없다.

***사유**: 개념, 구성, 판단, 추리 따위를 행하는 인간의 이성 작용.
***검증하다**: 검사하여 증명하다.

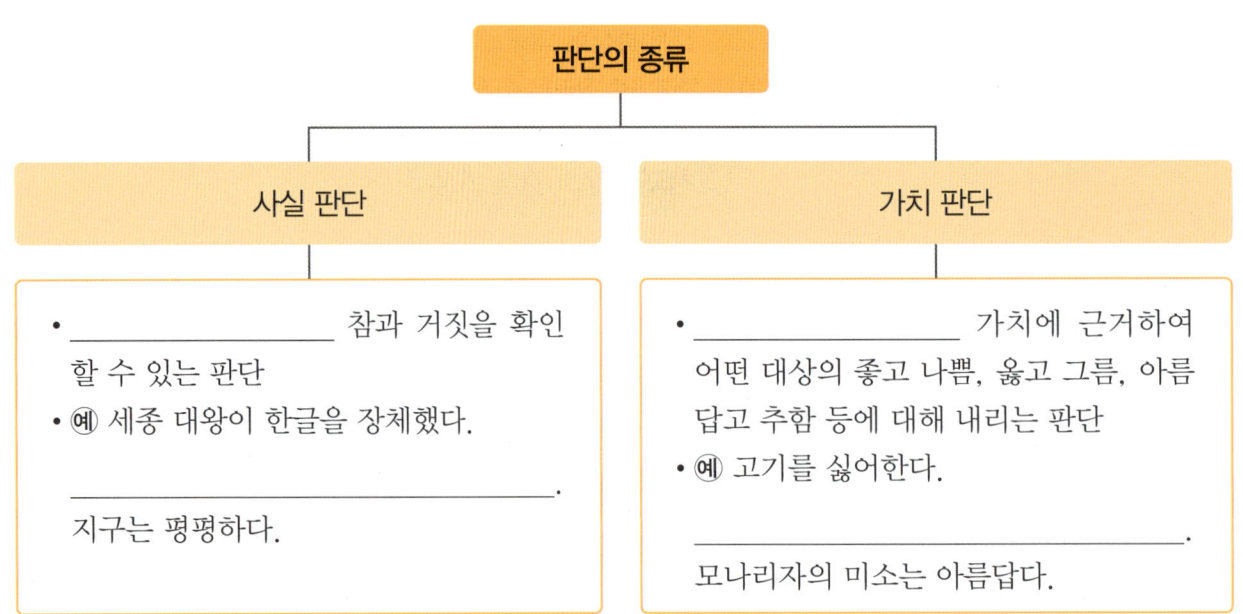

2

해양 생물 중 문어, 불가사리, 낙지는 신체에 특별한 비밀이 있습니다. 그 비밀이 무엇인지 알아봅시다.

문어는 다리에 달린 빨판에 특별한 비밀을 숨겨 놓았습니다. 문어는 빨판으로 주변 환경과 맛을 *감지합니다. 문어의 빨판에는 '화학 촉각 *수용체'라는 수많은 신경 세포가 있습니다. 문어는 빨판이 달린 다리를 움직여 물체가 가까워지는 것을 감지하거나 물체의 형태를 파악할 수 있습니다. 물체가 다리에 닿으면 맛을 느껴 먹잇감인지 아닌지를 구별해 냅니다.

▲ 문어의 빨판

▲ 불가사리

불가사리에게도 특별한 비밀이 있습니다. 언뜻 보기에 불가사리는 눈이 없는 것처럼 보입니다. 하지만 불가사리는 팔 끝에 눈의 역할을 하는 '안점'이라는 기관이 50개나 붙어 있습니다. 이 안점으로 주변의 밝기를 파악해 1미터 이내의 거리에 있는 사물의 이미지를 읽어 낼 수 있다고 합니다.

낙지의 특별한 비밀은 심장입니다. 대부분의 동물은 심장이 1개입니다. 그런데 낙지에게는 심장이 3개나 있습니다. 낙지는 1개의 체심장과 2개의 아가미 심장을 가지고 있습니다. 체심장은 몸 전체로 피를 보냅니다. 체심장에서 내보낸 피는 온몸을 돈 뒤 아가미 심장으로 갑니다. 아가미 심장은 아가미에 피를 보내는 역할을 합니다. 이 3개의 심장은 평소에는

▲ 낙지

열심히 뛰지만 수영을 하거나 환경이 변화될 때는 피 공급을 조절하고 때로는 멈추기도 합니다.

이처럼 동물들은 저마다 가지고 있는 특별한 비밀과 능력으로 바닷속 환경에 적응하며 살아갑니다.

*감지하다: 느끼어 알다.
*수용체: 세포막이나 세포 내에 존재하며 호르몬이나 항원, 빛 따위의 외부 인자와 반응하여 세포 기능에 변화를 일으키는 물질.

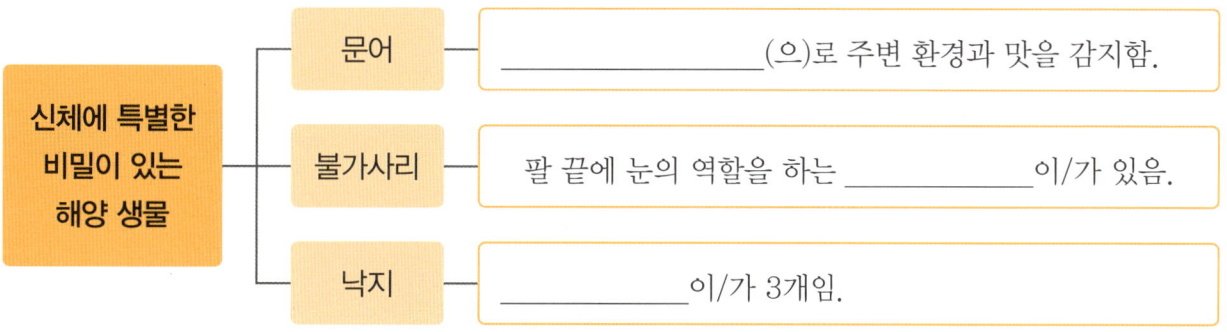

연습 문제

❋ 빈칸에 알맞은 말을 넣어 **순서 짜임**의 글을 정리하세요.

3
우유로 요거트를 만드는 방법을 알고 있나요? 먼저 우유 100밀리리터, 요구르트 20밀리리터, 200밀리리터 작은 밀폐 용기, 500밀리리터 큰 밀폐 용기, 나무젓가락, 따뜻한 물을 준비합니다. 작은 밀폐 용기에 우유와 요구르트를 넣고 잘 섞은 뒤 뚜껑을 닫고, 이 작은 밀폐 용기를 큰 밀폐 용기에 넣습니다. 큰 밀폐 용기에 작은 밀폐 용기의 용액 높이만큼 따뜻한 물을 붓고 뚜껑을 닫습니다. 실온에 하루 정도 놓아 두면 꾸덕꾸덕한 요거트가 완성됩니다.

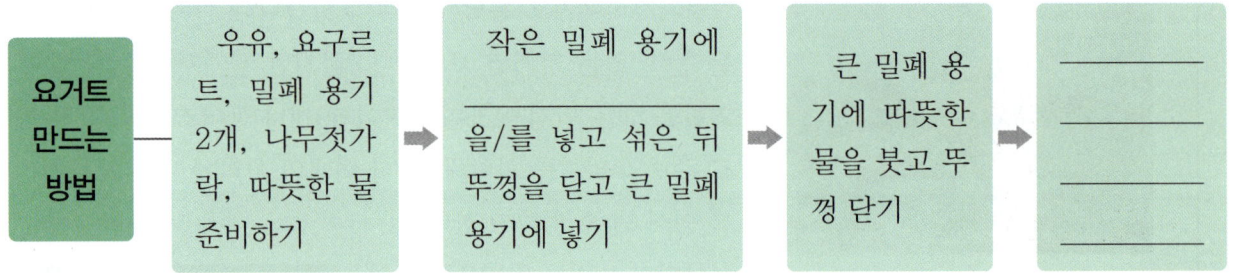

4
오늘은 국립 중앙 박물관으로 체험 학습을 갔다. 가장 먼저 입구에 있는 선사·고대관에 들어갔다. 전시관에는 구석기 시대부터 청동기 시대까지의 유물이 전시되어 있었다. 책에서 보았던 빗살무늬 토기를 실제로 보니 신기했다. 다음으로 중·근세관으로 이동했다. 고려 시대와 조선 시대의 유물이 전시되어 있었다. 그림, 조각, 그릇 등이 인상적이었다. 그다음으로 서화관이라는 전시실로 발길을 옮겼다. 서화, 불교 회화, 목칠 공예 등이 전시되어 있었다. 마지막으로 조각·공예관에 들어갔다. 고려청자와 조선백자를 직접 볼 수 있었는데, 곡선과 색의 아름다움이 느껴졌다.
　많은 전시관을 관람하느라 힘들었지만 우리나라의 역사와 문화를 직접 보고 배울 수 있어서 보람찼다.

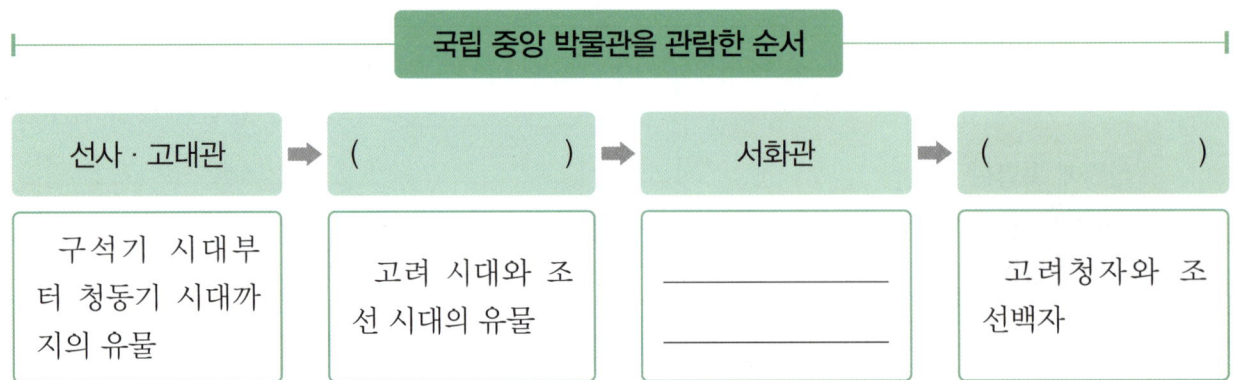

5 　미술은 시대적 상황과 분위기에 따라 영향을 받고 시대에 따라 미술이 가지고 있는 사상이 변하게 된다. 이런 미술이 지닌 사상의 시대적 흐름을 미술 사조라고 한다. 미술 사조는 시간의 흐름에 따라 달라져 왔다. 19세기 후반부터 20세기 초에 걸쳐 유행한 근·현대 미술 사조를 알아보자.

　19세기 후반에는 '인상주의'라는 미술 사조가 유행했다. 인상주의는 자연을 주제로 삼아 햇빛에 따라 변화하는 색채를 표현하는 것이 특징이다. 예를 들어, 사과를 빨간색이나 파란색 등 한두 가지의 색으로 보지 않고, 빛이 비추는 방향과 빛의 양에 따라 달라지는 색을 표현했다. 이런 기법은 실제 자연을 보는 것 같은 효과를 준다. 대표적인 화가로는 클로드 모네, 폴 세잔 등이 있다.

　이후 19세기 말에는 '후기 인상주의'가 등장했다. 후기 인상주의 화가들은 인상주의 화풍을 유지하면서 자신만의 개성을 강조했다. 이들은 주관적인 표현을 중시하며 사물에 자신의 감정이나 생각을 반영하여 표현하고자 했다. 대표적인 화가로는 빈센트 반 고흐, 폴 고갱 등이 있다.

　20세기 초에는 '입체주의'가 유행하였다. 입체주의는 자연의 여러 가지 형태를 입체 조각으로 표현하는 것이 특징이다. 사물을 여러 방향에서 본 형태로 한 화면에 조합해서 그리며 다양한 방식으로 세상을 보려고 했다. 가장 유명한 입체파 화가로는 파블로 피카소가 있다.

▲ 클로드 모네, 「베퇴유의 센 강변에서」　　▲ 빈센트 반 고흐, 「별이 빛나는 밤」

근·현대 미술 사조의 흐름

19세기 후반 인상주의	→	19세기 말 _____	→	20세기 초 _____
자연을 주제로 삼아 ____ _____ _____.		주관적인 표현을 중시하며 사물에 자신의 감정이나 생각을 반영함.		_____ _____ _____.

3. 글의 짜임에 맞게 정리하기 ②

방법 3 비교와 대조 짜임

비교와 대조 짜임은 **대상들의 공통점과 차이점을 중심으로 설명하는 짜임**으로, '**공통점이 있습니다**', '**차이점이 있습니다**' 등과 같은 말을 사용하는 경우가 많아요. 비교와 대조 짜임의 글은 먼저 구조 틀에 글에서 설명하는 대상을 쓰고, 항목별로 설명한 내용 중에서 중요한 내용이 잘 드러나게 정리해요.

대표 문제 ①

① <u>소설과 희곡</u>은 문학의 한 갈래이고 모두 등장인물의 갈등을 통해 이야기가 전개됩니다. 하지만 소설과 희곡은 차이점이 있습니다.
  (핵심어 / 중심 문장)

② 소설과 희곡은 먼저 이야기를 이끌어 가는 방식이 다릅니다. 소설은 이야기를 이끌어 가는 <u>서술자에 의해 이야기가 전개되며, 상세한 묘사와 서술이 이루어집니다</u>. 묘사는 어떤 장면을 그림 그리듯 전달하는 것을 말하고, 서술은 독자에게 인물, 사건, 배경 등을 직접적으로 설명하는 표현 방식입니다. 이에 반해 희곡은 무대 상연을 목적으로 하는 연극의 대본으로 무대 위에서 관객들에게 연기를 보여 주는 것을 목적으로 창작되기 때문에 <u>서술자가 개입하지 않고 인물의 대사와 행동으로 이야기가 전개됩니다</u>. 그래서 소설처럼 등장인물의 내면을 말로 풀어 설명하기 어렵습니다. 세부적 사항은 인물의 대사와 행동을 통해 관객이 파악해야 합니다.
  (중심 문장)

③ 소설과 희곡은 등장인물의 수에서도 차이점을 보입니다. 소설은 <u>등장인물 수에 제약이 없는데</u> 희곡은 무대 상연을 전제로 하기 때문에 <u>등장인물 수가 제한되어 있습니다</u>.
  (중심 문장)

→ 이 글은 '❶( )의 공통점과 차이점'을 설명한 글입니다. ①문단에서 설명한 공통점과 ②, ③문단에서 설명한 차이점 중 중요한 내용만 골라 다음과 같은 틀에 정리할 수 있습니다.

소설
- ❷( )에 의해 이야기가 전개됨.
- 상세한 묘사와 서술이 이루어짐.
- 등장인물 수에 제약 없음.

공통(교집합)
- 문학의 한 갈래임.
- ❸( )의 갈등을 통해 이야기가 전개됨.

희곡
- 서술자가 개입하지 않고 인물의 ❹( )으로 이야기가 전개됨.
- ❺( ) 수가 제한되어 있음.

방법 4 문제와 해결 짜임

문제와 해결 짜임은 **해결할 문제와 그에 대한 해결 방법을 제시하는 짜임**으로, '**문제가 되고 있다**', '**이를 해결하려면**' 등과 같은 말을 사용하는 경우가 많아요. 문제와 해결 짜임의 글은 글을 쓰게 된 문제 상황과 그 문제 상황을 해결할 수 있는 방법으로 나누어 정리해요.

대표 문제 ①

1 최근 수업 시간에 핸드폰을 사용하는 친구들이 많아졌습니다. 등교하면 핸드폰을 끄는 게 우리 반 규칙입니다. 그런데 수업 시간에 핸드폰을 꺼내서 검색을 하거나, 심지어 게임을 하는 친구들도 있습니다. 이렇게 수업 시간에 핸드폰을 사용하면 공부를 제대로 할 수 없고 다른 친구들도 수업에 방해를 받습니다. 이러한 문제점를 해결할 수 있는 방법을 생각해 봅시다.
중심 문장 – 문제점

2 가장 좋은 방법은 교실에 핸드폰 보관 장소를 마련하여 수업 시간에는 핸드폰을 넣어 두는 것입니다. 반 전체의 핸드폰을 걷어 일정한 장소에 보관하면 수업 시간에 핸드폰을 사용할 수 없습니다. 부모님께 연락을 해야 하거나 핸드폰에 저장되어 있는 자료가 필요한 경우는 선생님께 허락을 받고 사용합니다.
중심 문장 – 해결 방안

▲ 핸드폰 보관함

3 핸드폰을 잘 사용하면 공부에 도움이 됩니다. 하지만 수업 시간에 마음대로 핸드폰을 사용하는 것은 잘못된 행동입니다. 모두 공부에 집중할 수 있도록 핸드폰을 일정한 장소에 보관하여 서로에게 피해를 주지 맙시다.

→ 이 글은 '수업 시간에 ❻( )을 사용하는 문제점과 그 문제의 해결 방안'을 쓴 글입니다. 1문단에서 문제점을 찾고, 2문단에서 해결 방안을 찾아 다음과 같은 틀에 정리할 수 있습니다.

문제점	최근 수업 시간에 핸드폰을 사용하는 친구들이 많아졌습니다.
해결 방안	교실에 ❼( )를 마련하여 수업 시간에는 핸드폰을 넣어 둡니다.

연습 문제

❋ 빈칸에 알맞은 말을 넣어 비교와 대조 짜임의 글을 정리하세요.

1

요즘 자연환경을 오염시키지 않는 친환경 먹거리에 대한 소비가 늘고 있다. 그런데 소비자가 친환경 농산물의 등급을 나타내는 '유기농'과 '무농약'이 어떻게 다른지 잘 모르는 경우도 있다.

유기농과 무농약은 모두 친환경의 큰 범주 안에서 농약을 사용하지 않는다는 공통점이 있다. 차이점은 화학 비료의 사용 여부이다. 유기농은 3년간 농약과 화학 비료를 모두 사용하지 않은 땅에서 재배하는 것이다. 화학 비료 대신 퇴비를 사용해 재배한다. 무농약은 농약은 쓰지 않지만 화학 비료를 권장량의 3분의 1 이내로 사용하여 재배한다는 점에서 유기농과 다르다.

유기농
- 3년간 농약과 화학 비료를 모두 사용하지 않은 땅에서 재배함.
- _____을/를 사용함.

- _____을/를 사용하지 않음.

무농약
- 화학 비료를 권장량의 _____ 이내로 사용함.

2

편견과 선입견은 모두 개인이 갖는 주관적인 생각이라는 공통점이 있지만 차이점도 있다.

편견은 '치우칠 편(偏)'과 '볼 견(見)'으로 이루어진 한자어로 어느 한쪽으로 치우친 생각을 말한다. '여자는 남자보다 운동을 잘 못한다.'처럼 편견은 성별, 인종, 종교, 출신 지역 등 다양한 대상에 대해 발생할 수 있다. 선입견은 '먼저 선(先)', '들 입(入)', '볼 견(見)'으로 이루어진 말이다. 어떤 특정 대상에 대하여 이미 마음속에 가지고 있는 고정적인 관념이나 관점을 말한다. '외국에서 살다 온 사람은 생각이 자유로울 것이다.' 같은 생각이 선입견의 예이다.

		편견	선입견
공통점		• _____	
차이점	뜻	• 어느 한쪽으로 _____	• 고정적인 관념이나 관점
	예	• 여자는 남자보다 운동을 잘 못한다.	• _____.

3

공리주의라는 말을 들어 보았나요? 공리주의는 19세기 중반 영국에서 발달한 사회 사상으로 양적 공리주의와 질적 공리주의로 나눌 수 있습니다. 두 공리주의 모두 가치 판단의 기준을 효용과 행복의 증진에 두지만 차이점이 있습니다.

양적 공리주의는 쉽게 말해 양적으로 많은 사람의 쾌락을 극대화하는 것이 목적입니다. 이 이론은 행복을 양적인 면에서 측정해야 한다고 주장하며 모든 쾌락이 똑같이 중요하다고 생각합니다. 예를 들어 브레이크가 고장 난 전차가 달리고 있는데, 그대로 달리면 5명이 사망합니다. 그런데 전차의 방향을 변경하면 5명은 살고 1명만 사망합니다. 이때 전차를 돌려 1명의 희생자만 만드는 게 옳다는 게 양적 공리주의입니다. 다수결의 원칙을 따르는 것도 양적 공리주의 결정의 예입니다.

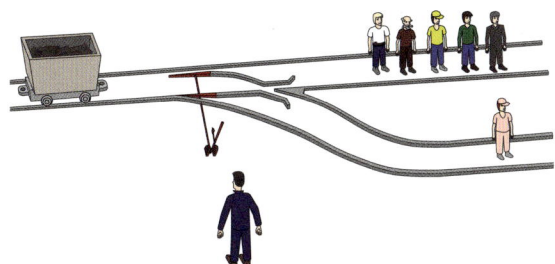

▲ 양적 공리주의의 예시

질적 공리주의는 쾌락의 양보다는 질을 중요하게 여깁니다. 대표적인 사상가인 존 스튜어트 밀은 단순히 양적으로 많은 쾌락만이 행복은 아니라고 했습니다. 쾌락에는 질적으로 더 높은 인간의 쾌락과, 더 낮은 동물의 쾌락이 있다고 보았습니다. 밀은 질적으로 높은 쾌락은 유익한 쾌락, 그렇지 않은 낮은 쾌락은 해로운 쾌락이고 우리는 유익한 쾌락을 추구해야 한다고 주장합니다. 여기에서 '배부른 돼지보다 배고픈 인간이 낫다'라는 말이 나온 것입니다. 여가 시간을 보낼 때 텔레비전을 보는 쾌락보다 책을 읽는 쾌락이 질적으로 더 높은 쾌락이라고 본다면 이것은 질적 공리주의의 견해와 같습니다.

▲ 존 스튜어트 밀

다수의 행복을 최대화하는 것을 목표로 하는 공리주의 사상은 후대 사상에 큰 영향을 미쳤습니다. 하지만 과도한 결과 중심적 사고라는 것과 개인의 권리와 가치를 무시한다는 비판을 받기도 했습니다.

*효용: 인간의 욕망을 만족시킬 수 있는 재화의 효능.

	양적 공리주의	질적 공리주의
공통점	• 가치 판단의 기준을 _____의 증진에 둠.	
차이점	• _____을/를 극대화하는 것이 목적임. • 모든 쾌락이 _____ 중요하다고 생각함.	• 쾌락의 양보다 _____을/를 중요하게 여김. • 유익한 쾌락을 추구해야 한다고 주장함.

연습 문제

❋ 빈칸에 알맞은 말을 넣어 **문제와 해결 짜임**의 글을 정리하세요.

4

우리 주변에서 위기에 처한 야생 동물을 종종 볼 수 있습니다. 빌딩 유리창에 부딪친 새, 도로에서 교통사고를 당한 고라니 등 인간이 만든 환경 때문에 죽거나 부상을 입는 야생 동물이 무척 많습니다. 야생 동물의 피해를 줄이기 위해 다음과 같은 방법을 실천할 수 있습니다.

새가 유리창이나 투명 벽에 부딪치지 않도록 버드 세이버(조류 충돌 방지 스티커)를 설치해야 합니다. 새는 유리에 비친 구름이나 산 등을 진짜 자연물로 착각하거나, 투명한 유리 벽이 있는 줄 모르고 날다가 충돌합니다. 국립생태원의 발표에 따르면 전국적으로 매년 800만 마리의 새가 투명 방음벽이나 고층 건물의 유리창에 부딪쳐 죽는다고 합니다. 빛의 반사를 줄여 주는 버드 세이버의 설치로 충돌 사고를 막을 수 있습니다.

▲ 투명 방음벽에 설치한 버드 세이버

도로나 터널을 만들 때에는 생태 통로를 설치해야 합니다. 도로나 터널의 건설은 야생 동물들이 사는 서식지를 나누고 동물들을 단절시킵니다. 그리고 넓은 서식지를 필요로 하는 야생 동물이 로드킬로 죽게 되는 직접적인 원인이 됩니다. 이에 야생 동물들이 자유롭게 이동할 수 있도록 도로 위로 산과 연결하여 다리를 놓거나 도로 아래로 굴을 파서 통로를 마련해야 합니다. 생태 통로의 법적 설치 규정을 강화한다면 야생 동물들의 죽음을 막을 수 있습니다.

▲ 생태 통로

우리는 이제 야생 동물을 보호할 수 있는 방법을 고민하고, 인간과 야생 동물이 공존할 수 있도록 노력해야 합니다.

문제점
인간이 만든 환경 때문에 죽거나 부상을 입는 야생 동물이 무척 많습니다.

해결 방안 1	해결 방안 2
새가 유리창이나 투명 벽에 부딪치지 않도록 _____을/를 설치합니다.	도로나 터널을 만들 때 _____을/를 설치합니다.

5

지난주에 아빠와 함께 할아버지 할머니 댁에 갔습니다. 할아버지와 할머니께서는 시골 마을에서 농사를 지으시는데, 얼마 전 일손이 부족하다고 도움을 요청하셨습니다. 아빠는 농사일을 돕고 할아버지, 할머니를 모시고 서울에 있는 병원에도 다녀오셨습니다. 할아버지와 할머니께서 사시는 촌락은 젊은 층이 도시로 떠나면서 노동력이 감소하고, 의료 시설과 편의 시설도 부족합니다. 또 경제적 발전도 약화되고 있었습니다. 이렇게 촌락은 다양한 사회 문제를 겪고 있습니다.

이를 해결하려면 첫째, 촌락의 인구를 늘리기 위한 노력을 해야 합니다. 귀농이나 귀촌을 하는 사람이 늘어날 수 있도록 촌락 생활에 대한 정보를 제공하고 지원을 확대해야 합니다. 또 교육 환경을 개선하고 일자리도 창출해야 합니다.

둘째, 부족한 의료 및 편의 시설로 인한 불편함을 줄여야 합니다. 폐교나 마을 회관 등 기존 건물을 문화, 행정 시설로 바꾸어 활용합니다. 그리고 촌락 사람들이 도시에 있는 병원을 편하게 오갈 수 있도록 교통수단을 늘립니다.

셋째, 촌락의 소득을 높여야 합니다. 새로운 기술과 품종을 개발할 수 있도록 도와야 합니다. 그래야 품질 좋은 농수산물을 생산할 수 있습니다. 일의 방식을 기계화, 과학화하여 생산량도 늘릴 수 있게 해야 합니다.

이러한 노력을 통해 촌락의 문제를 해결하고 주민들의 삶의 질을 향상시키도록 합니다.

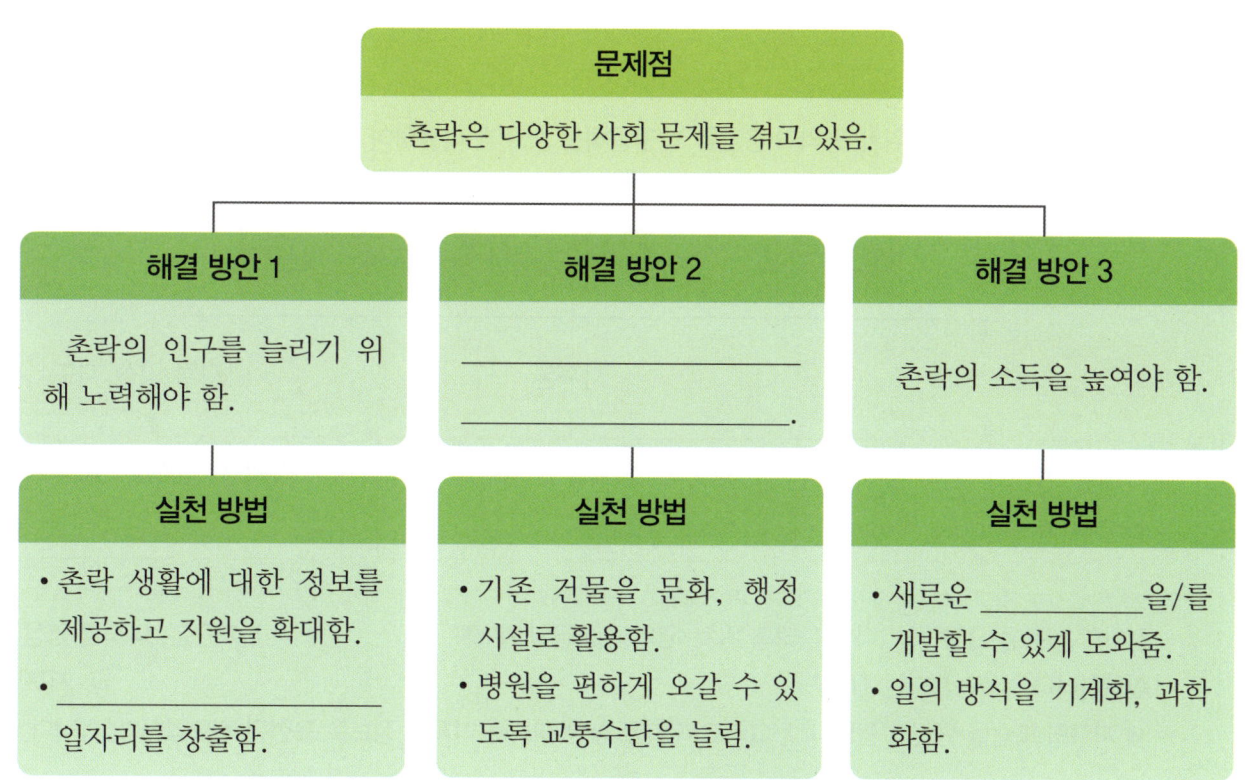

4 요약하기

마지막 요약하기 단계에서는 글의 짜임에 맞게 정리한 내용을 바탕으로 중요한 내용을 정리해요.

방법 1 중복되는 내용 삭제하고 연결하기

중복되는 내용은 삭제하고, '그리고, 그러나, -고, -지만' 등의 **이어 주는 말**을 사용해서 문장을 자연스럽게 연결해요.

대표문제 ①

1 다른 나라의 위치, 영역이 궁금할 때 어떤 자료를 활용하나요? ←핵심어 그럴 때는 세계 지도, 지구본을 보기도 하고 디지털 영상 지도를 활용하기도 합니다.

2 세계 지도는 세계 여러 나라의 위치를 한눈에 볼 수 있는 지도입니다. 세계 지도는 둥근 지구를 평면으로 나타낸 것이기 때문에 실제와 다르게 표현되기도 합니다. 지구본은 실제 지구의 모습을 아주 작게 줄인 모형입니다. 둥근 모양이라서 세계 여러 나라의 위치와 모양을 실제에 가깝게 살펴볼 수 있습니다. 디지털 영상 지도는 위성 영상이나 항공 사진 등을 바탕으로 다양한 기기에서 이용할 수 있도록 디지털 정보로 표현된 지도입니다. 확대와 축소가 자유롭고, 다양한 정보가 연결되어 있습니다.

→ 이 글은 '다른 나라의 위치, 영역이 궁금할 때 활용하는 자료'를 나열하여 설명한 글입니다. 내용을 틀에 정리하면 다음과 같습니다.

```
        다른 나라의 위치, 영역이 궁금할 때 활용하는 자료
        ┌──────────────┬──────────────┬──────────────┐
        세계 지도        지구본          디지털 영상 지도
        세계 여러 나라의  실제 지구의     디지털 정보로
        위치를 한눈에    모습을 작게     표현된 지도
        볼 수 있는 지도  줄인 모형
```

→ 정리한 내용을 요약하면 "다른 나라의 위치, 영역이 궁금할 때 ❶(　　　　　　), 지구본, 디지털 영상 지도를 활용합니다. 세계 지도는 ❷(　　　　　　　　　　　　　　　　), 지구본은 실제 지구의 모습을 줄인 모형입니다. 그리고 디지털 영상 지도는 디지털 정보로 표현된 지도입니다."입니다.

1 인간은 생명 활동을 유지하기 위해 숨을 쉬고, 음식을 먹는다. 이 과정에서 우리 몸에는 영양소가 만들어질 뿐만 아니라 노폐물이 생긴다. 이렇게 생긴 노폐물은 몸 밖으로 내보내진다. 우리가 오줌을 누는 것이 노폐물이 몸 밖으로 나오는 것이다. 그렇다면 우리 몸은 노폐물을 어떻게 몸 밖으로 내보낼까? ← 핵심어

2 우리 몸 곳곳에 퍼져 있는 혈액은 우리 몸에 필요한 영양분을 싣고 구석구석 돌아다닌다. 그렇게 몸 전체에 영양분을 주고 돌아온 혈액에 노폐물이 쌓이게 된다. 이 노폐물이 쌓인 혈액이 콩팥으로 운반된다. (순서 ①) 콩팥은 혈액에 있는 노폐물을 걸러 낸다. (순서 ②) 콩팥에서 노폐물이 걸러진 깨끗한 혈액은 다시 몸속을 순환하고, 걸러진 노폐물은 오줌이 된다. 이 오줌은 콩팥에서 나와 콩팥과 연결된 오줌관을 지나 방광에 저장된다. (순서 ③) 방광에 저장된 오줌이 일정량이 되면 요도라는 관을 통해 몸 밖으로 나간다. (순서 ④) 이런 과정을 거쳐 우리 몸은 노폐물을 몸 밖으로 내보내는데 이를 '배설'이라고 한다. 이런 배설 과정은 우리 몸속의 노폐물을 제거해 줌으로써 생명 활동이 원활하게 일어나도록 해 준다.

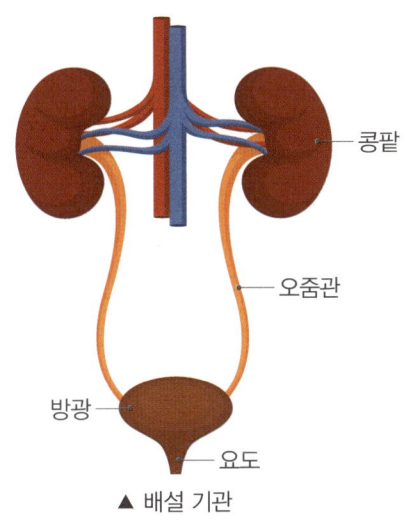
▲ 배설 기관

*순환: 주기적으로 자꾸 되풀이하여 돎. 또는 그런 과정.

→ 이 글은 '우리 몸이 노폐물을 몸 밖으로 내보내는 과정'을 설명한 글입니다. 내용을 틀에 정리하면 다음과 같습니다.

| 우리 몸이 노폐물을 몸 밖으로 내보내는 과정 |

| 노폐물이 쌓인 혈액이 콩팥으로 운반된다. | → | 콩팥은 혈액에 있는 노폐물을 걸러 낸다. | → | 걸러진 노폐물은 오줌이 되어 방광에 저장된다. | → | 오줌이 일정량이 되면 요도를 통해 몸 밖으로 나간다. |

→ 정리한 내용을 연결하여 요약하면 "우리 몸이 노폐물을 몸 밖으로 내보내는 과정은 다음과 같다. 노폐물이 쌓인 혈액이 콩팥으로 운반되고 콩팥은 혈액에 있는 ❸(   )을 걸러 낸다. 걸러진 노폐물은 ❹(   ) 방광에 저장되고, 일정량이 되면 요도를 통해 몸 밖으로 나간다."입니다.

연습 문제

✱ 틀에 정리한 내용을 바탕으로 글의 내용을 요약하려고 해요. 빈칸에 알맞은 말을 쓰세요.

1

해양 생물 중 문어, 불가사리, 낙지는 신체에 특별한 비밀이 있습니다. 그 비밀이 무엇인지 알아봅시다.

문어는 다리에 달린 빨판에 특별한 비밀을 숨겨 놓았습니다. 문어는 빨판으로 주변 환경과 맛을 감지합니다. 문어의 빨판에는 '화학 촉각 수용체'라는 수많은 신경 세포가 있습니다. 문어는 빨판이 달린 다리를 움직여 물체가 가까워지는 것을 감지하거나 물체의 형태를 파악할 수 있습니다. 물체가 다리에 닿으면 맛을 느껴 먹잇감인지 아닌지를 구별해 냅니다.

불가사리에게도 특별한 비밀이 있습니다. 언뜻 보기에 불가사리는 눈이 없는 것처럼 보입니다. 하지만 불가사리는 팔 끝에 눈의 역할을 하는 '안점'이라는 기관이 50개나 붙어 있습니다. 이 안점으로 주변의 밝기를 파악해 1미터 이내의 거리에 있는 사물의 이미지를 읽어 낼 수 있다고 합니다.

낙지의 특별한 비밀은 심장입니다. 대부분의 동물은 심장이 1개입니다. 그런데 낙지에게는 심장이 3개나 있습니다. 낙지는 1개의 체심장과 2개의 아가미 심장을 가지고 있습니다. 체심장은 몸 전체로 피를 보냅니다. 체심장에서 내보낸 피는 온몸을 돈 뒤 아가미 심장으로 갑니다. 아가미 심장은 아가미에 피를 보내는 역할을 합니다. 이 3개의 심장은 평소에는 열심히 뛰지만 수영을 하거나 환경이 변화될 때는 피 공급을 조절하고 때로는 멈추기도 합니다.

이처럼 동물들은 저마다 가지고 있는 특별한 비밀과 능력으로 바닷속 환경에 적응하며 살아갑니다.

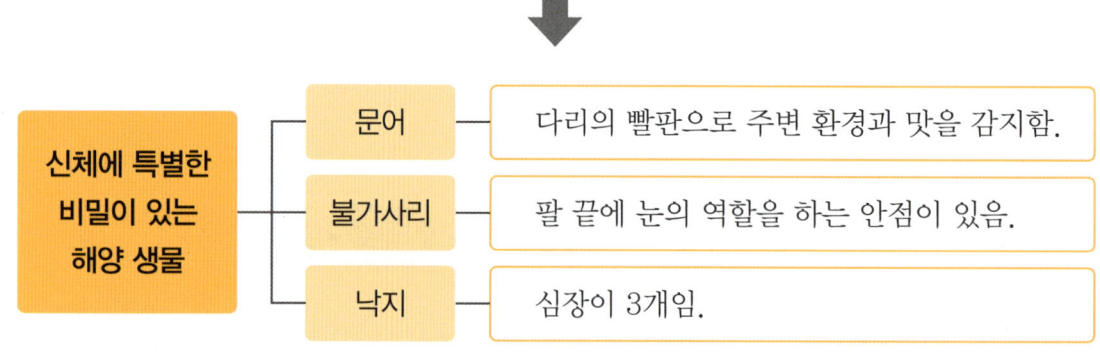

요약하기

신체에 특별한 비밀이 있는 해양 생물이 있습니다. 문어는 다리의 빨판으로 _____ _____, 불가사리는 _____ _____, 낙지는 심장이 세 개나 있다.

2

　미술은 시대적 상황과 분위기에 따라 영향을 받고 시대에 따라 미술이 가지고 있는 사상이 변하게 된다. 이런 미술이 지닌 사상의 시대적 흐름을 미술 사조라고 한다. 미술 사조는 시간의 흐름에 따라 달라져 왔다. 19세기 후반부터 20세기 초에 걸쳐 유행한 근·현대 미술 사조를 알아보자.

　19세기 후반에는 '인상주의'라는 미술 사조가 유행했다. 인상주의는 자연을 주제로 삼아 햇빛에 따라 변화하는 색채를 표현하는 것이 특징이다. 예를 들어, 사과를 빨간색이나 파란색 등 한두 가지의 색으로 보지 않고, 빛이 비추는 방향과 빛의 양에 따라 달라지는 색을 표현했다. 이런 기법은 실제 자연을 보는 것 같은 효과를 준다. 대표적인 화가로는 클로드 모네, 폴 세잔 등이 있다.

　이후 19세기 말에는 '후기 인상주의'가 등장했다. 후기 인상주의 화가들은 인상주의 화풍을 유지하면서 자신만의 개성을 강조했다. 이들은 주관적인 표현을 중시하며 사물에 자신의 감정이나 생각을 반영하여 표현하고자 했다. 대표적인 화가로는 빈센트 반 고흐, 폴 고갱 등이 있다.

　20세기 초에는 '입체주의'가 유행하였다. 입체주의는 자연의 여러 가지 형태를 입체 조각으로 표현하는 것이 특징이다. 사물을 여러 방향에서 본 형태로 한 화면에 조합해서 그리며 다양한 방식으로 세상을 보려고 했다. 가장 유명한 입체파 화가로는 파블로 피카소가 있다.

근·현대 미술 사조의 흐름

19세기 후반 인상주의	19세기 말 후기 인상주의	20세기 초 입체주의
자연을 주제로 삼아 햇빛에 따라 변화하는 색채를 표현함.	주관적인 표현을 중시하며 사물에 자신의 감정이나 생각을 반영함.	자연의 여러 가지 형태를 입체 조각으로 표현함.

 요약하기

　근·현대 미술 사조의 흐름은 다음과 같다. 19세기 후반에 유행한 인상주의는 자연을 주제로 삼아 햇빛에 따라 변화하는 색채를 표현하였다. 이후 19세기 말에 등장한 후기 인상주의는 _____, 20세기 초에 유행한 입체주의는 _____.

연습 문제

3

　공리주의라는 말을 들어 보았나요? 공리주의는 19세기 중반 영국에서 발달한 사회 사상으로 양적 공리주의와 질적 공리주의로 나눌 수 있습니다. 두 공리주의 모두 가치 판단의 기준을 효용과 행복의 증진에 두지만 차이점이 있습니다.

　양적 공리주의는 쉽게 말해 양적으로 많은 사람의 쾌락을 극대화하는 것이 목적입니다. 이 이론은 행복을 양적인 면에서 측정해야 한다고 주장하며 모든 쾌락이 똑같이 중요하다고 생각합니다. 예를 들어 브레이크가 고장 난 전차가 달리고 있는데, 그대로 달리면 5명이 사망합니다. 그런데 전차의 방향을 변경하면 5명은 살고 1명만 사망합니다. 이때 전차를 돌려 1명의 희생자만 만드는 게 옳다는 게 양적 공리주의입니다. 다수결의 원칙을 따르는 것도 양적 공리주의 결정의 예입니다.

　질적 공리주의는 쾌락의 양보다는 질을 중요하게 여깁니다. 대표적인 사상가인 존 스튜어트 밀은 단순히 양적으로 많은 쾌락만이 행복은 아니라고 했습니다. 쾌락에는 질적으로 더 높은 인간의 쾌락과, 더 낮은 동물의 쾌락이 있다고 보았습니다. 밀은 질적으로 높은 쾌락은 유익한 쾌락, 그렇지 않은 낮은 쾌락은 해로운 쾌락이고 우리는 유익한 쾌락을 추구해야 한다고 주장합니다. 여기에서 '배부른 돼지보다 배고픈 인간이 낫다'라는 말이 나온 것입니다. 여가 시간을 보낼 때 텔레비전을 보는 쾌락보다 책을 읽는 쾌락이 질적으로 더 높은 쾌락이라고 본다면 이것은 질적 공리주의의 견해와 같습니다.

　다수의 행복을 최대화하는 것을 목표로 하는 공리주의 사상은 후대 사상에 큰 영향을 미쳤습니다. 하지만 과도한 결과 중심적 사고라는 것과 개인의 권리와 가치를 무시한다는 비판을 받기도 했습니다.

	양적 공리주의	질적 공리주의
공통점	• 가치 판단의 기준을 효용과 행복의 증진에 둠.	
차이점	• 많은 사람의 쾌락을 극대화하는 것이 목적임. • 모든 쾌락이 똑같이 중요하다고 생각함.	• 쾌락의 양보다 질을 중요하게 여김. • 유익한 쾌락을 추구해야 한다고 주장함.

요약하기

　양적 공리주의와 질적 공리주의는 _____. 하지만 양적 공리주의는 많은 사람의 쾌락을 극대화하는 것이 목적이고 모든 쾌락이 똑같이 중요하다고 생각합니다. 이에 반해 질적 공리주의는ㅇ _____.

4

　우리 주변에서 위기에 처한 야생 동물을 종종 볼 수 있습니다. 빌딩 유리창에 부딪친 새, 도로에서 교통사고를 당한 고라니 등 인간이 만든 환경 때문에 죽거나 부상을 입는 야생 동물이 무척 많습니다. 야생 동물의 피해를 줄이기 위해 다음과 같은 방법을 실천할 수 있습니다.

　새가 유리창이나 투명 벽에 부딪치지 않도록 버드 세이버(조류 충돌 방지 스티커)를 설치해야 합니다. 새는 유리에 비친 구름이나 산 등을 진짜 자연물로 착각하거나, 투명한 유리 벽이 있는 줄 모르고 날다가 충돌합니다. 국립생태원의 발표에 따르면 전국적으로 매년 800만 마리의 새가 투명 방음벽이나 고층 건물의 유리창에 부딪쳐 죽는다고 합니다. 빛의 반사를 줄여 주는 버드 세이버의 설치로 충돌 사고를 막을 수 있습니다.

　도로나 터널을 만들 때에는 생태 통로를 설치해야 합니다. 도로나 터널의 건설은 야생 동물들이 사는 서식지를 나누고 동물들을 단절시킵니다. 그리고 넓은 서식지를 필요로 하는 야생 동물이 로드킬로 죽게 되는 직접적인 원인이 됩니다. 이에 야생 동물들이 자유롭게 이동할 수 있도록 도로 위로 산과 연결하여 다리를 놓거나 도로 아래로 굴을 파서 통로를 마련해야 합니다. 생태 통로의 법적 설치 규정을 강화한다면 야생 동물들의 죽음을 막을 수 있습니다.

　우리는 이제 야생 동물을 보호할 수 있는 방법을 고민하고, 인간과 야생 동물이 공존할 수 있도록 노력해야 합니다.

문제점
인간이 만든 환경 때문에 죽거나 부상을 입는 야생 동물이 무척 많습니다.

해결 방안 1	해결 방안 2
새가 유리창이나 투명 벽에 부딪치지 않도록 버드 세이버를 설치합니다.	도로나 터널을 만들 때 생태 통로를 설치합니다.

요약하기

인간이 만든 환경 때문에 죽거나 부상을 입는 야생 동물이 무척 많습니다. 이를 해결하기 위해서는 _____ .

실전
요약 기술 적용

실전 파트에 무사히 도착한 친구들을 환영합니다. 실전 파트에서는 앞에서 배운 요약 기술을 긴 글에 적용해 봅니다. 다양한 종류의 글을 만날 수 있습니다. 4단계 요약 기술 단계에 맞춰 글을 읽고 스스로 요약을 한 후에는 독해 정복 문제를 풀어 봅니다. 글의 내용을 요약하며 읽으면 독해 문제가 쉬워지는 것을 경험할 수 있을 거예요. 이제, 마지막 관문인 실전 파트로 들어가 볼까요?

알아 두기

1. 실전 지문은 핵심어를 찾고, 각 문단의 중심 문장을 정리하며 읽으세요.
2.  중심 문장 은 문단의 중심 문장을 찾을 때 다른 말로 재구성하여 중심 내용을 찾으라는 표시입니다. 중요하지 않은 내용을 삭제하거나 새로운 말을 떠올려 중심 문장을 정리하세요.

학습 계획표

	학습 내용		날짜	확인
01	입으면 힘이 세지는 웨어러블 로봇	과학	Day 06	/
02	조선의 대표 궁궐 경복궁		Day 07	/
03	식물 세포와 동물 세포	과학	Day 08	/
04	놀이공원 패스트 트랙은 공정한가		Day 09	/
05	지구촌을 누비는 한국 국제 협력단	사회	Day 10	/
06	사막화로 메말라 가는 지구		Day 11	/
07	여러 가지 기체의 쓰임새	과학	Day 12	/
08	판소리와 창극		Day 13	/
09	가야금은 어떻게 만들까?		Day 14	/
10	오르락내리락 환율이 미치는 영향	사회	Day 15	/
11	편견과 차별은 이제 그만!	사회	Day 16	/
12	알록달록 색은 어떤 속성이 있을까?	미술	Day 17	/
13	가마솥과 전기 압력밥솥		Day 18	/
14	악덕 소비자, 블랙 컨슈머		Day 19	/
15	우리 몸은 자극에 어떻게 반응할까?	과학	Day 20	/
16	가난한 지구촌 사람들	사회	Day 21	/
17	반려동물 보유세를 도입하자		Day 22	/
18	세계의 다양한 모자	사회	Day 23	/
19	흑연과 다이아몬드		Day 24	/
20	씨야, 멀리멀리 퍼져라	과학	Day 25	/
21	일기 예보는 어떻게 만들어질까?		Day 26	/
22	풍자와 해학		Day 27	/
23	전쟁을 멈추자		Day 28	/
24	위험한 가짜 뉴스		Day 29	/
25	우리가 나라의 주인이에요	사회	Day 30	/

과학 01

중심 문장 은 중요하지 않은 내용을 삭제하거나 다른 말로 재구성하여 문단의 중심 내용을 정리하라는 표시입니다.

어휘 뜻
*착용하다: 의복, 모자, 신발, 액세서리 등을 입거나 쓰거나 신거나 차거나 하다.
*근력: 근육의 힘. 또는 그 힘의 지속성.
*수월하다: 까다롭거나 힘들지 않아 하기가 쉽다.
*방재: 폭풍, 홍수, 지진, 화재 등의 재해를 막는 일.
*진화: 불이 난 것을 끔.
*재활: 장애가 있는 사람이 치료를 받거나 훈련을 하여 일상생활이나 사회적 활동을 함.

입으면 힘이 세지는 웨어러블 로봇

1 웨어러블 로봇(wearable robot)은 옷을 입는 것처럼 우리 몸에 직접 착용하는 로봇을 말한다. 착용한 사람과 함께 움직이면서 운동 능력이나 *근력을 강화해 준다. 웨어러블 로봇은 1960년대 미국에서 군인들의 팔에 로봇을 장착해 무거운 포탄을 쉽게 옮기려는 목적으로 개발되었다. 과학 기술의 발달에 따라 웨어러블 로봇의 형태와 기능도 발전하여 오늘날에는 다양한 분야에서 활용되고 있다.

중심 문장 사람의 몸에 착용하는 (　　　　　　　)은 다양한 분야에서 활용된다.

2 웨어러블 로봇이 가장 많이 활용되는 곳은 산업 현장이다. 위험하고 힘든 일을 하는 일터에서 작업자는 일을 수월하게 하고 부상을 예방하기 위해 웨어러블 로봇을 착용한다. 작업자가 무거운 물건을 들어 옮기거나 힘든 동작을 반복할 때 웨어러블 로봇은 작업자의 근력을 보조한다. 또 허리, 다리 등에 가해지는 힘을 분산시켜 준다. 웨어러블 로봇의 착용으로 작업자는 힘이 덜 들 뿐만 아니라, 자신의 근력보다 더 큰 힘을 사용할 수 있게 되어 강도 높은 일을 잘해 낼 수 있다.

▲ 웨어러블 로봇을 착용한 작업자

중심 문장 웨어러블 로봇이 가장 많이 활용되는 곳은 (　　　　　　　)이다.

3 웨어러블 로봇은 재난 *방재 현장에서도 활용되고 있다. 최근 산림청은 산불 *진화 현장용 웨어러블 로봇을 개발하여 보급했다. 산불이 나면 진화 대원들은 무거운 장비를 들고 험준한 산을 오르내려야 한다. 이때 조끼처럼 입는 웨어러블 로봇은 진화 대원들의 근력을 강화시켜 주고, 허리와 다리에 느끼는 피로감을 줄여 준다. 이 덕분에 대원들은 짊어진 장비의 무게를 30퍼센트 정도만 느끼고 경사진 현장에서 이동이 쉬워진다.

중심 문장 웨어러블 로봇은 (　　　　　　　)에서도 활용되고 있다.

4 웨어러블 로봇은 의료 *재활 분야에서도 활용되고 있다. 뇌졸중, 파킨슨병, 근육 감소증 등으로 잘 걷지 못하는 사람의 재활을 돕는 데 쓰인다. 웨어러블 로봇을 착용하고 재활 치료를 하는 사람은 다리에 힘이 들어가고 좀 더 편하게 움직일 수 있다. 이처럼 웨어러블 로봇은 보행 장애가 있는 사람이 걸을 수 있도록 근력을 보조하고 넘어지지 않도록 몸의 균형을 맞춰 준다. 질병 때문에 몸의 기능이 약해지고 둔해진 사람들이 웨어러블 로봇의 도움으로 보행 능력을 향상시킬 수 있다.

중심 문장 웨어러블 로봇은 (　　　　　　　) 분야에서도 활용되고 있다.

1 이 글의 핵심어를 찾고, 짜임에 맞게 주요 내용을 정리하세요.

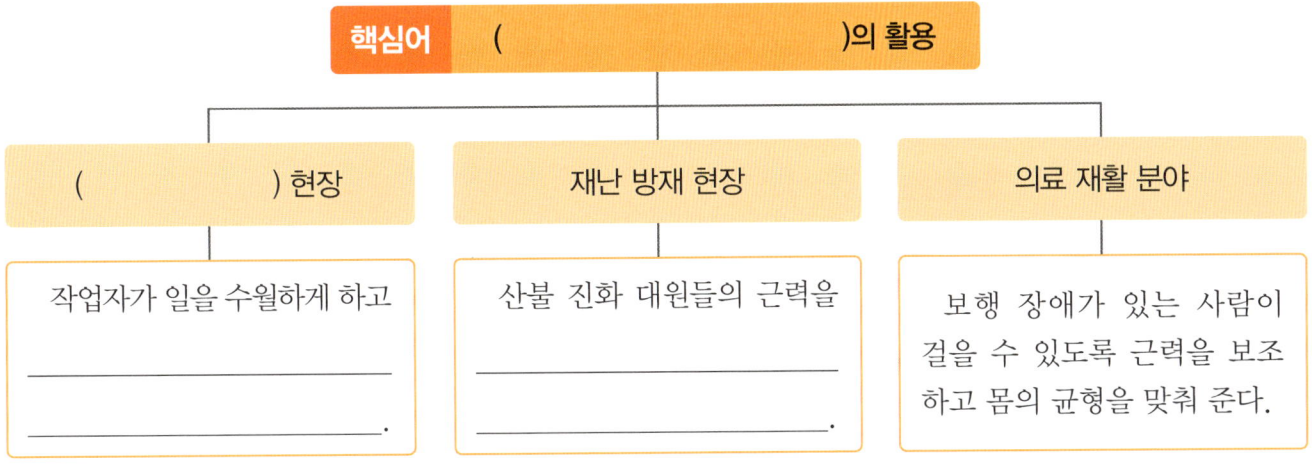

| 핵심어 | ( )의 활용 |

( ) 현장 / 재난 방재 현장 / 의료 재활 분야

- 작업자가 일을 수월하게 하고 _____.
- 산불 진화 대원들의 근력을 _____.
- 보행 장애가 있는 사람이 걸을 수 있도록 근력을 보조하고 몸의 균형을 맞춰 준다.

2 앞에서 정리한 내용을 바탕으로 이 글의 내용을 요약해 쓰세요.

웨어러블 로봇은 사람의 몸에 직접 착용하는 로봇이다. 웨어러블 로봇은 산업 현장, _____ _____ 등에서 다양하게 활용되고 있다.

 독해 정복!

3 웨어러블 로봇이 활용되고 있는 분야로 알맞지 <u>않은</u> 것을 고르세요. ( )

① 산업   ② 교육   ③ 재난 방재   ④ 의료 재활

4 이 글을 읽고 생각이나 느낌을 알맞게 말한 친구를 찾아 이름을 쓰세요.

예성: 글쓴이는 웨어러블 로봇의 다양한 활용에 대해 부정적으로 바라보고 있어.
주원: 산업 현장에서 사람 대신 웨어러블 로봇이 일을 하면 사람들은 일자리를 잃을 거야.
하민: 근력뿐만 아니라 몸의 다른 기능을 강화해 주는 웨어러블 로봇이 많이 개발되면 좋겠어.

( )

02

중심 문장 은 중요하지 않은 내용을 삭제하거나 다른 말로 재구성하여 문단의 중심 내용을 정리하라는 표시입니다.

어휘 뜻

*법궁: 나라의 공식적인 궁궐.

*방치되다: 돌봄이나 간섭을 받지 않고 그대로 두어지다.

*중건하다: 절이나 왕궁 등을 보수하거나 고쳐 짓다.

*훼손하다: 헐거나 깨뜨려 못 쓰게 만들다.

*박람회: 일정 기간 동안 홍보나 판매 등을 목적으로 어떤 주제 아래에서 온갖 물품을 사람들에게 보이는 행사.

조선의 대표 궁궐 경복궁

1️⃣ 경복궁은 조선 왕조를 상징하는 대표적인 궁궐입니다. 조선 시대의 궁궐 5곳 중 최초로 지어진, 조선의 *법궁입니다. 조선을 건국한 태조 이성계는 도읍지를 한양으로 정하고 1395년에 경복궁을 지었습니다. 그로부터 약 200년 동안 14명의 왕이 경복궁에서 생활하면서 신하들과 함께 나랏일을 보았습니다.

중심 문장 조선을 건국한 (　　　　　　　)가 1395년에 한양에 경복궁을 지었습니다.

2️⃣ 1592년 임진왜란이 일어나자 선조는 한양을 버리고 피란을 떠났습니다. 전쟁 중에 경복궁에 큰불이 나서 근정전, 교태전 등 궁궐 건물들이 모두 불타고 말았습니다. 전쟁이 끝난 뒤에 선조는 불탄 경복궁을 그대로 둔 채 다른 궁궐에 머물렀습니다. 선조 이후 왕들도 경복궁을 복원하지 않아 270여 년간 경복궁은 빈터로 *방치되었습니다.

중심 문장 (　　　　　　　) 때 경복궁 건물이 모두 불탔습니다.

3️⃣ 경복궁이 다시 지어진 것은 조선 말 고종 때입니다. 그 당시 조선은 몇몇 양반 가문의 권력이 매우 커지고 왕의 권력은 약해진 상태였습니다. 고종의 아버지인 흥선 대원군은 경복궁을 *중건해 왕실의 권위를 세우려 했습니다. 1865년부터 1868년까지 3년여에 걸쳐 대규모 공사가 진행되었습니다. 다시 지어진 경복궁은 조선 초에 건립했을 때보다 더 크고 웅장한 모습을 갖추었습니다.

중심 문장 조선 말 고종 때 경복궁이 (　　　　　　　　　).

4️⃣ 일제 강점기에 일본은 조선의 상징인 경복궁을 심하게 *훼손하고 변형했습니다. 경복궁의 정문인 광화문과 근정전 사이에 식민 통치 기관인 조선 총독부 건물을 짓고, 광화문을 강제로 옮겼습니다. 심지어 경복궁에서 각종 *박람회를 열어 경회루, 교태전 등을 전시관으로 사용하였습니다. 그리고 경복궁 안의 많은 건물을 없애고 그 자리에 전시관, 공원, 분수대를 만들었습니다. 일제 강점기를 거치면서 경복궁의 원래 모습은 사라지고 300채가 넘던 건물은 30여 채만 남았습니다.

중심 문장 (　　　　　　　)에 일본은 조선의 상징인 경복궁을 심하게 훼손하고 변형했습니다.

5️⃣ 다행히 1990년대부터 경복궁 복원 작업이 진행되었습니다. 원래의 모습을 되찾기 위해 조선 총독부 건물을 철거하고, 광화문을 제 위치에 다시 지었습니다. 일제 강점기에 건물을 헐고 잔디를 깐 자리에는 옛 모습대로 다시 건물을 지었습니다. 현재 경복궁의 모습은 고종 때 중건한 규모의 4분의 1 정도입니다. 아름답고 웅장한 경복궁의 본모습을 온전히 되찾기 위한 노력은 지금도 계속되고 있습니다.

중심 문장 1990년대부터 경복궁 (　　　　　　　)이 진행되어 본모습을 되찾아 가고 있습니다.

1 이 글의 핵심어를 찾고, 짜임에 맞게 주요 내용을 정리하세요.

핵심어 ( )의 역사

| 조선을 건국한 태조 이성계가 1395년에 경복궁을 지음. | 임진왜란 때 _____ _____ _____. | _____ _____ _____ _____. | 일제 강점기에 일본이 경복궁을 심하게 훼손하고 변형함. | 1990년대부터 경복궁 복원 작업이 진행되어 본모습을 되찾아 가고 있음. |

2 앞에서 정리한 내용을 바탕으로 이 글의 내용을 요약해 쓰세요.

조선을 건국한 태조 이성계가 1395년에 경복궁을 지었습니다. 경복궁은 임진왜란 때 모두 불타 버린 뒤 조선 말 고종 때 다시 지어졌습니다. 일제 강점기에 _____
_____
_____.

독해 정복!

3 이 글을 읽고 알 수 있는 내용은 무엇인지 고르세요. ( )

① 경복궁과 다른 궁궐의 차이점
② 경복궁에 있는 건물들의 쓰임과 위치
③ 경복궁에 체험 학습을 갈 때 주의할 점
④ 처음 지었을 때부터 현재까지 경복궁의 역사

4 다음 중 가장 나중에 있었던 일을 고르세요. ( )

① 조선 총독부 건물을 지었다.
② 3년여에 걸쳐 경복궁을 중건했다.
③ 광화문을 제 위치에 다시 지었다.
④ 경복궁에 큰불이 나서 모두 불탔다.

과학 03

+중심 문장 은 중요하지 않은 내용을 삭제하거나 다른 말로 재구성하여 문단의 중심 내용을 정리하라는 표시입니다.

식물 세포와 동물 세포

1 동물, 식물, 미생물 등 모든 생물은 세포로 이루어져 있다. 세포는 생물체를 이루는 기본 단위로 대부분의 세포는 크기가 매우 작아 맨눈으로 볼 수 없다. 양파 껍질 세포처럼 식물의 몸을 이루는 세포를 식물 세포라고 하고, 우리 입안 세포처럼 동물의 몸을 이루는 세포를 동물 세포라고 한다. 현미경으로 관찰했을 때 식물 세포와 동물 세포는 어떤 공통점과 차이점이 있는지 알아보자.

+중심 문장 식물 세포와 동물 세포의 (　　　　　　　　　)을 알아보자.

2 식물 세포와 동물 세포는 공통적으로 핵, 세포막, 세포질로 이루어졌고, 세포질 안에 미토콘드리아가 있다. 세포의 중심이라고 할 수 있는 핵은 세포가 생명 활동을 유지하도록 조절하는 부분이다. 세포막은 세포 전체를 둘러싸는 얇은 막으로 세포 안을 보호하고 세포 안팎으로 물질이 드나들게 한다. 세포질은 핵을 제외하고 세포의 내부를 채우는 부분이다. 이 세포질 안에는 여러 종류의 세포 소기관이 흩어져 있다. 그중 식물 세포와 동물 세포에 모두 있는 것은 생명 활동을 하는 데 필요한 에너지를 만드는 미토콘드리아이다.

+중심 문장 식물 세포와 동물 세포에는 공통적으로 (　　　　　　　　　), 세포질, 미토콘드리아가 있다.

3 식물 세포와 동물 세포의 차이점은 식물 세포에만 세포벽이 있다는 점이다. 식물 세포는 세포막 바깥쪽에 단단한 세포벽이 있고 각진 모양이다. 이와 달리 동물 세포는 세포벽이 없고 대체로 둥근 모양이다.

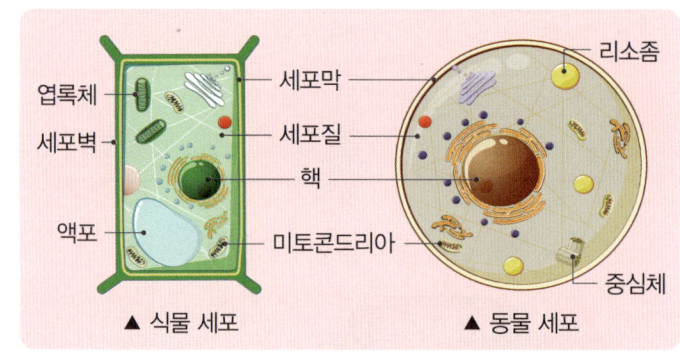
▲ 식물 세포　　▲ 동물 세포

중심 문장 식물 세포와 동물 세포의 차이점은 식물 세포에만 (　　　　　　　　　)는 점이다.

4 식물 세포와 동물 세포는 세포질 안에 있는 소기관도 다르다. 식물 세포에는 동물 세포에는 없는 엽록체가 있다. 엽록체는 햇빛을 받아 광합성을 하여 양분을 만든다. 그리고 노폐물을 담고 있는 액포도 주로 식물 세포에서 발달한다. 동물 세포에만 있는 소기관은 중심체와 리소좀이다. 중심체는 동물의 운동이나 세포 분열에 관여하고, 리소좀은 소화 작용을 한다. 스스로 양분을 만들어 생활하는 식물과, 먹이를 먹고 소화시켜 양분을 얻는 동물의 차이가 세포 소기관의 종류에서도 나타난다.

중심 문장 식물 세포와 동물 세포는 세포질 안에 있는 (　　　　　　　　　)도 다르다.

어휘 뜻

*각지다: 물체의 모양이 둥글지 않고 각이 져 있다.
*분열: 하나의 세포 또는 개체가 여러 개로 나뉘어 불어남.
*관여하다: 어떤 일에 관계하여 참여하다.

Day 08

1 빈칸에 알맞은 말을 넣어 이 글의 핵심어를 완성하세요.

( )의 공통점과 차이점

2 이 글의 짜임에 맞게 주요 내용을 정리하세요.

식물 세포
- 세포벽이 있고 각진 모양임.
- 세포질 안에 _____ _____.

(공통)
- _____ ____(으)로 이루어짐.
- 세포질 안에 미토콘드리아가 있음.

동물 세포
- 세포벽이 없고 _____ _____.
- 세포질 안에 중심체와 리소좀이 있음.

3 앞에서 정리한 내용을 바탕으로 이 글의 내용을 요약해 쓰세요.

식물 세포와 동물 세포에는 공통적으로 핵, 세포막, 세포질, 미토콘드리아가 있다. _____ _____ 인 반면에 동물 세포는 세포벽이 없고 대체로 둥근 모양이다. 또 식물 세포는 세포질 안에 엽록체와 액포가 있지만 _____ _____.

독해 정복!

4 다음 내용을 알 수 있는 문단의 번호를 쓰세요.

(1) 식물 세포와 동물 세포의 공통점: ( )문단
(2) 식물 세포와 동물 세포의 차이점: ( )문단

5 식물 세포에 대한 설명으로 알맞지 <u>않은</u> 것을 고르세요. ( )

① 각진 모양이다.
② 세포벽이 없다.
③ 광합성을 하는 엽록체가 있다.
④ 핵, 세포막, 세포질로 이루어졌다.

04

+중심 문장은 중요하지 않은 내용을 삭제하거나 다른 말로 재구성하여 문단의 중심 내용을 정리하라는 표시입니다.

어휘 뜻

*우선: 다른 것에 앞서 특별하게 대우함.
*박탈감: 재물이나 권리, 자격 등을 빼앗긴 느낌.
*물질만능주의: 돈만 있으면 무엇이든지 마음대로 할 수 있다는 사고방식이나 태도.
*확충하다: 규모를 늘리고 부족한 것을 보충하다.
*잇속: 이익이 되는 실속.
*공정하다: 공평하고 올바르다.

놀이공원 패스트 트랙은 공정한가

1 놀이공원 패스트 트랙 찬반 논란이 일고 있다. '패스트 트랙'이란 일을 신속하게 처리하기 위한 절차를 일컫는데, '놀이공원 패스트 트랙'은 추가 요금을 내면 줄을 서지 않고 놀이기구를 *우선으로 이용할 수 있는 서비스를 말한다. 이와 같은 놀이공원 패스트 트랙을 반대한다. 그 까닭은 다음과 같다.

중심 문장 (　　　　　　　　) 패스트 트랙을 반대한다.

2 첫째, 패스트 트랙을 이용하지 않는 다수의 사람들에게 *박탈감을 준다. 사람이 많은 공휴일에는 놀이기구를 타기 위해 한두 시간씩 기다리는 일이 흔하다. 그런데 패스트 트랙 이용권을 산 사람은 늦게 와도 먼저 놀이기구를 탈 수 있다. 줄을 서서 차례를 기다리던 사람들이 그 모습을 보면 새치기당하는 기분이 들고 박탈감을 느낄 수 있다.

중심 문장 첫째, 패스트 트랙을 이용하지 않는 다수의 사람들에게 (　　　　　　)을 준다.

3 둘째, 돈으로 무엇이든 할 수 있다는 생각을 갖게 한다. 우리는 돈으로 많은 것을 사지만 우정, 건강 등 살 수 없는 것도 있다. 시간도 돈이 많든 적든 누구에게나 공평하게 주어진다고 여긴다. 그런데 패스트 트랙은 돈을 더 주고 기다리는 시간을 줄인 것이므로 돈으로 시간을 산 것과 같다. 이는 *물질만능주의의 한 모습으로 바람직하지 않다.

중심 문장 둘째, (　　　　)으로 무엇이든 할 수 있다는 생각을 갖게 한다.

4 셋째, 이용객을 생각하지 않는 놀이공원의 돈벌이 수단이다. 놀이기구를 타려고 오래 기다리는 불편을 해결할 수 있는 방법이 패스트 트랙뿐일까? 놀이기구를 늘리거나 시설을 *확충하는 등 다른 방법도 있을 것이다. 그러나 놀이공원에서는 대다수 이용객의 편의를 위한 방법을 택하지 않고 값비싼 패스트 트랙 이용권을 만들어 팔았다. 사람들의 불편을 이용해 *잇속을 챙긴 것이다.

중심 문장 셋째, 이용객을 생각하지 않는 (　　　　　　　　　　) 수단이다.

5 이처럼 놀이공원 패스트 트랙은 *공정하지 않다. 돈으로 새치기할 권리와 시간을 산 것이나 다름없다. 질서 있게 줄을 서서 기꺼이 차례를 기다리는 사람들이 박탈감을 느끼지 않도록 놀이공원 패스트 트랙을 없애야 한다.

+중심 문장 공정하지 않은 놀이공원 패스트 트랙을 (　　　　　　).

1 빈칸에 알맞은 말을 넣어 이 글의 핵심어를 완성하세요.

놀이공원 (　　　　　　　　　　　　　)

50

2 이 글의 짜임에 맞게 주요 내용을 정리하세요.

주장 _____.

근거 1	근거 2	근거 3
패스트 트랙을 이용하지 않는 다수의 사람들에게 박탈감을 준다.	_____.	이용객을 생각하지 않는 놀이공원의 돈벌이 수단이다.

3 앞에서 정리한 내용을 바탕으로 이 글의 내용을 요약해 쓰세요.

놀이공원 패스트 트랙을 _____. 놀이공원 패스트 트랙은 _____ _____, 돈으로 무엇이든 할 수 있다는 생각을 갖게 하며, _____이기 때문이다.

 독해 정복!

4 글쓴이의 주장과 같은 생각을 가진 친구를 찾아 ○표 하세요.

(1) 창민: 돈을 더 내고 좋은 서비스를 누리는 건 당연한 일이야. 공연장에서도 무대가 잘 보이는 자리는 입장권이 더 비싸잖아. (   )

(2) 용우: 놀이기구를 타려고 한두 시간씩 기다리면 시간이 너무 아까워. 놀이공원 패스트 트랙은 시간을 알차게 보내고 싶은 사람에게 꼭 필요해. (   )

(3) 수진: 돈이 없어서 패스트 트랙 이용권을 사지 못하면 속상할 거야. 돈이 많든 적든 모두 동등하게 놀이기구를 탈 기회가 있어야 한다고 생각해. (   )

5 이 글에서 주장에 대한 근거를 제시한 문단의 번호를 모두 쓰세요.

(   )

사회 05

중심 문장 은 중요하지 않은 내용을 삭제하거나 다른 말로 재구성하여 문단의 중심 내용을 정리하라는 표시입니다.

어휘 뜻

*국제 사회: 여러 나라가 서로 교류하고 의존하면서 국제적 공동생활을 영위하는 사회.

*개발 도상국: 산업의 근대화와 경제 개발이 선진국에 비하여 뒤떨어진 나라.

*사회 복지: 모든 국민의 생활을 편안하게 하기 위한 사회적 정책.

*증진: 기운이나 세력 등이 점점 더 늘어 가고 나아감.

*연수생: 지식이나 기술 등을 배우고 익히는 사람.

*파견하다: 일정한 임무를 주어 사람을 보내다.

*긴급 구호: 재해나 재난 등으로 매우 급하고 어려운 처지에 빠진 사람을 재빨리 도와 보호함.

지구촌을 누비는 한국 국제 협력단

1 '지구촌'이란 말에서 알 수 있듯 세계 여러 나라는 밀접하게 관련되어 서로 영향을 미칩니다. 따라서 전 세계 곳곳에서 일어나는 분쟁과 빈곤, 인권 문제 등을 해결하려면 국제 사회의 협력이 필요합니다. 우리나라는 국제 사회의 한 구성원으로서 1991년에 한국 국제 협력단을 설립하여 운영하고 있습니다. 한국 국제 협력단은 중앙아메리카, 남아메리카, 아프리카, 아시아의 개발 도상국을 지원하기 위해 다음과 같이 여러 가지 일을 합니다.

중심 문장 한국 국제 협력단은 (　　　　　　　)을 지원하기 위해 여러 가지 일을 합니다.

2 첫째, 개발 도상국의 발전을 위한 공적 개발 원조를 합니다. 공적 개발 원조란 선진국이 개발 도상국 또는 개발 도상국을 위한 국제기구에 돈이나 기술 등의 도움을 주는 것을 말합니다. 장기적으로 개발 도상국의 경제 발전과 사회 복지 증진을 목표로 하는 원조입니다. 한 예로, 우리나라는 베트남에 10년간 공적 개발 원조를 하여 한국-베트남 과학기술연구원을 설립하였습니다.

중심 문장 첫째, (　　　　　　　　　)을 위한 공적 개발 원조를 합니다.

3 둘째, 개발 도상국의 인재를 교육합니다. 우리나라는 6.25 전쟁을 겪은 1950년대에는 세계에서 가장 가난한 나라 중에 하나였습니다. 하지만 짧은 기간에 눈부신 경제 성장을 이루어 지금은 세계 10위권의 경제 강국이 되었습니다. 이러한 경제 개발 경험과 산업 기술을 개발 도상국에 전하기 위해 연수생을 초청하여 교육합니다. 또한 우리나라의 전문가를 파견하여 현지에서 필요한 산업 인력 양성 프로그램을 진행하기도 합니다.

중심 문장 둘째, 개발 도상국의 (　　　　　　　　　).

4 셋째, 해외 봉사단을 파견합니다. 해외 봉사단은 개발 도상국에 장기간 머물면서 의료 활동, 생활 환경 개선 활동 등 다양한 봉사 활동을 펼칩니다. 재난 복구 지원과 긴급 구호에도 참여해 전쟁과 자연재해로 어려움에 처한 사람들을 돕기도 합니다. 한국 국제 협력단에서는 해마다 해외 봉사단을 모집해 파견하는데, 최근에는 한국어와 컴퓨터를 배우고 싶어 하는 사람들이 많아 교육 봉사 파견이 늘어났습니다.

중심 문장 셋째, (　　　　　　　)을 파견합니다.

5 이처럼 한국 국제 협력단은 개발 도상국의 경제 발전, 빈곤 극복 및 삶의 질 향상 등을 목적으로 많은 일을 합니다. 한국 국제 협력단의 활동은 국제 사회의 평화와 번영에 기여하고 있습니다.

중심 문장 한국 국제 협력단의 활동은 국제 사회의 (　　　　　　　　)에 기여하고 있습니다.

Day 10

1 이 글의 핵심어를 찾고, 짜임에 맞게 주요 내용을 정리하세요.

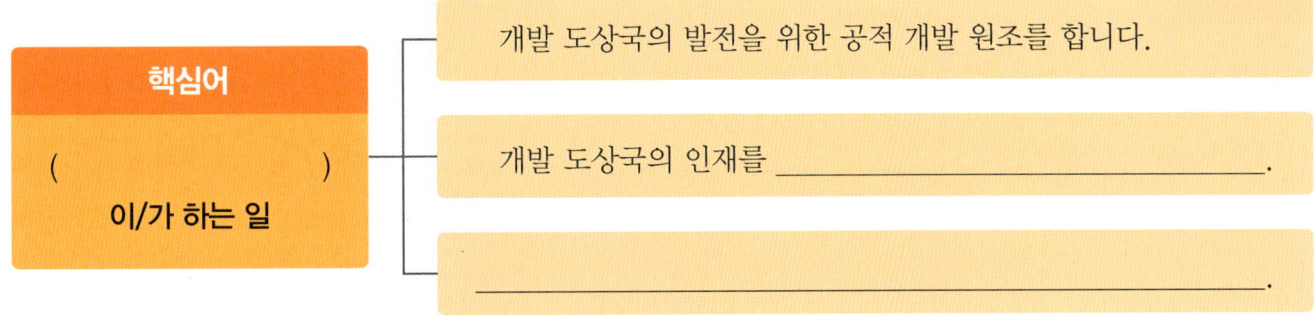

핵심어
(   )
이/가 하는 일

— 개발 도상국의 발전을 위한 공적 개발 원조를 합니다.

— 개발 도상국의 인재를 _____.

— _____.

2 앞에서 정리한 내용을 바탕으로 이 글의 내용을 요약해 쓰세요.

　　한국 국제 협력단은 개발 도상국을 지원하기 위해 여러 가지 일을 합니다. _____
_____.
그리고 해외 봉사단을 파견합니다.

 독해 정복!

3 이 글의 ②~④문단을 읽고 구체적으로 알 수 있는 내용을 고르세요. (   )

① 지구촌의 분쟁 지역　　　　　　　② 한국의 경제 개발 역사
③ 한국 국제 협력단이 하는 일　　　④ 국제 협력을 위해 설립된 국제기구들

4 한국 국제 협력단에 대한 설명으로 알맞으면 ○표, 알맞지 않으면 ×표 하세요.

(1) 개발 도상국에 돈이나 기술 등의 도움을 준다. (   )
(2) 북한과의 경제 협력과 남북의 평화 통일을 위해 설립되었다. (   )
(3) 선진국의 경제 개발 경험을 배우기 위해 연수생을 파견한다. (   )

06

사막화로 메말라 가는 지구

1 사막화란 기후 변화나 인간의 활동으로 인해 사막이 아니던 곳이 점차 건조하고 황폐한 땅으로 변하는 현상을 말한다. 2018년에 발표된 세계 사막화 지도에 따르면 지구 육지 면적의 75퍼센트에서 이미 사막화가 진행되고 있으며, 이대로 가면 2050년에는 90퍼센트 이상이 될 것이라고 한다. 사막화가 진행되는 지역은 물이 부족하고 땅이 척박해 동식물이 살아가기 힘들다. 작물 수확량이 줄어 식량난이 발생하고, 서식지를 잃은 동물들은 멸종 위기에 처한다. 이처럼 사막화는 인간의 삶과 생태계를 위태롭게 하는 문제이다. 우리는 사막화 문제의 심각성을 깨닫고 문제 해결에 적극적으로 나서야 한다.

중심 문장 인간의 삶과 생태계를 위태롭게 하는 (　　　　　　) 해결에 적극적으로 나서야 한다.

2 사막화 문제를 해결하려면 먼저, 지구 온난화를 가속화하는 온실가스 배출을 줄여야 한다. 지구 온난화로 인한 기후 변화는 사막화의 가장 큰 원인 중의 하나이다. 기후 변화로 예전보다 기온이 오르고 비가 적게 오면서 오랜 가뭄에 시달리는 지역이 늘어났다. 온실가스 배출의 주범인 화석 연료 사용을 감축하기 위해 에너지를 절약하는 등의 노력이 필요하다.

중심 문장 사막화 문제를 해결하려면 먼저, 지구 온난화를 가속화하는 (　　　　　　)을 줄여야 한다.

3 다음으로, 산림과 초원을 파괴하지 않아야 한다. 인간은 농경지나 집터를 만들려고 숲의 나무를 베고 산을 깎는다. 또 축산업을 하면서 키우는 엄청난 수의 가축은 초원의 풀을 먹어 치운다. 나무와 풀이 없는 땅은 햇빛에 직접 노출되어 건조해진다. 이처럼 과도한 벌목과 과잉 방목은 산림과 초원을 훼손하고 토양을 척박하게 만든다.

중심 문장 다음으로, 산림과 초원을 (　　　　　　　　　).

4 끝으로, 사막화 지역에 나무를 심는다. 우리나라는 중국, 몽골에서 불어오는 황사의 피해를 줄이기 위해 2000년대부터 중국, 몽골의 사막화 지역에 나무를 심고 있다. 나무를 심어 숲을 가꾸면 사막화가 심해지는 것을 막을 뿐만 아니라 자연 생태계를 회복시킬 수 있다. 이를 위해 세계 여러 나라는 사막화 지역에서 나무가 잘 자라도록 하는 기술의 연구 개발에도 힘쓰고 있다.

중심 문장 끝으로, 사막화 지역에 (　　　　　)를 심는다.

5 빠른 속도로 진행되는 사막화는 이제 일부 지역의 문제가 아니라 지구 전체의 문제가 되었다. 지구 환경과 인류의 미래를 위해 전 세계가 힘을 합쳐 사막화 방지에 힘써야 한다.

중심 문장 지구 환경과 인류의 미래를 위해 전 세계가 힘을 합쳐 (　　　　　　)에 힘써야 한다.

어휘 뜻

*황폐하다: 집, 땅, 숲 등이 거칠어져 못 쓰게 되다.

*척박하다: 땅이 기름지지 못하고 몹시 메마르다.

*식량난: 식량이 모자라서 생기는 어려움.

*가속화하다: 속도를 더욱 빨라지게 하다.

*화석 연료: 이산화 탄소를 배출하는 석탄, 석유 등의 연료.

*과잉: 수량이나 정도가 필요로 하는 것보다 지나치게 많아서 남음.

*방목: 가축을 놓아기르는 일.

Day 11

1 빈칸에 알맞은 말을 넣어 이 글의 핵심어를 완성하세요.

(　　　　　　　) 문제를 해결하는 방법

2 이 글의 짜임에 맞게 주요 내용을 정리하세요.

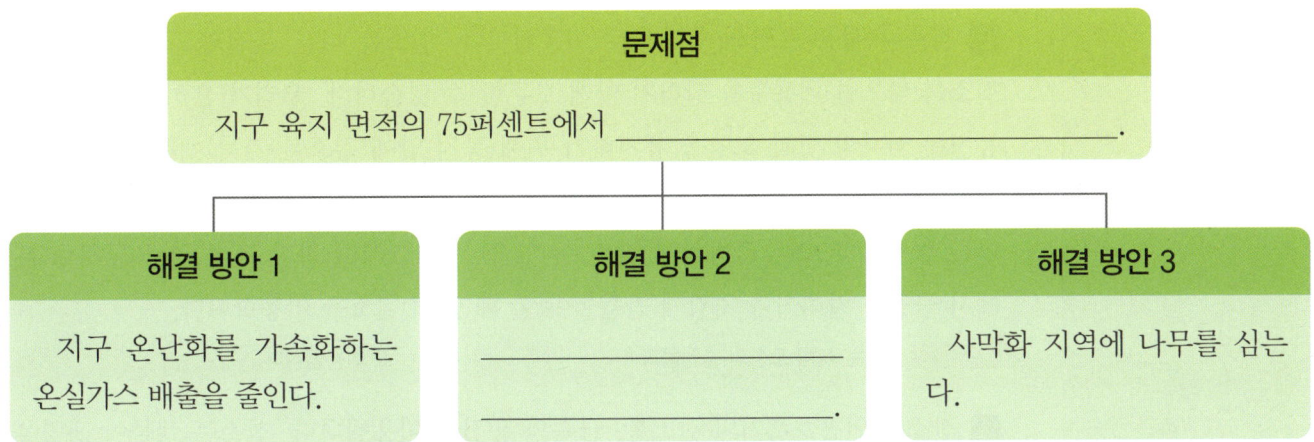

문제점
지구 육지 면적의 75퍼센트에서 _____.

해결 방안 1	해결 방안 2	해결 방안 3
지구 온난화를 가속화하는 온실가스 배출을 줄인다.	_____ _____.	사막화 지역에 나무를 심는다.

3 앞에서 정리한 내용을 바탕으로 이 글의 내용을 요약해 쓰세요.

> 지구 육지 면적의 75퍼센트에서 진행되고 있는 사막화 문제를 해결하려면 _____
> _____, 산림과 초원을 파괴하지 않아야 한다.
> 또 _____.

 독해 정복!

4 다음 중 이 글을 **잘못** 이해한 친구를 고르세요. (　　　)

① 소희: 나도 사막화 문제를 해결하기 위해 전 세계가 함께 노력해야 한다는 글쓴이의 주장에 동의해.

② 주원: 사막화의 원인인 기후 변화가 지구 온난화 때문이니까 사막화 문제를 해결하려면 온실가스 배출을 줄여야 하는 거구나.

③ 태윤: 사막화 지역에 농경지를 만들고 가축을 방목하면 사막화를 방지할 수 있다니, 몽골의 사막화 지역에 소 떼와 양 떼를 보내면 좋을 것 같아.

④ 영민: 지구 육지 면적의 75퍼센트에서 사막화가 진행되고 있다는 사실이 놀라워. 미래에는 우리나라도 어떻게 될지 모르니 사막화 문제에 관심을 가져야겠어.

과학 07

여러 가지 기체의 쓰임새

1 눈에 보이지 않지만 우리가 숨 쉬고 있는 곳 어디에나 공기가 있습니다. 공기는 산소, 이산화 탄소, 질소, 수소, 헬륨, 네온 등 여러 종류의 기체로 이루어져 있지요. 이 기체들은 각각의 성질에 따라 다양하게 이용됩니다. 여러 가지 기체의 쓰임새에 대해 알아봅시다.

중심 문장 공기를 이루고 있는 여러 가지 (　　　　)의 쓰임새를 알아봅시다.

2 질소는 식품 포장의 충전물로 이용됩니다. 질소는 다른 물질과 잘 반응하지 않아서 질소를 넣으면 내용물을 상하지 않게 보존할 수 있습니다. 우리가 흔히 보는 빵빵한 과자 봉지는 과자의 맛과 모양을 유지하기 위해 봉지 안에 질소를 가득 채운 것입니다. 또 질소는 냉각제로 쓰입니다. 질소는 액체 상태일 때 온도가 영하 196도 이하로 매우 낮아서 다른 물질의 온도를 급속하게 낮출 수 있습니다. 그래서 과학 기술 연구나 의료 분야 등에서 물질을 얼리거나 차갑게 만들어야 할 때 액체 질소를 이용합니다.

중심 문장 질소는 식품 포장의 충전물과 (　　　　)로 이용됩니다.

3 산소는 인공호흡기와 산소통, 금속의 용접에 이용됩니다. 산소는 생물이 생명을 유지하는 데 꼭 필요합니다. 그래서 환자의 호흡을 돕는 인공호흡기와, 잠수부가 물속에서 호흡할 수 있게 해 주는 산소통에 쓰입니다. 또 산소에는 물질이 잘 타도록 하는 성질이 있습니다. 산소가 아세틸렌가스를 태우면 3천 도가 넘는 불꽃이 생깁니다. 그 열로 금속을 녹여 용접을 합니다.

중심 문장 산소는 인공호흡기와 산소통, (　　　　　　　　　　).

4 이산화 탄소는 드라이아이스와 소화기에 이용됩니다. 이산화 탄소는 다른 기체보다 고체 상태로 만들기 쉽습니다. 드라이아이스는 이산화 탄소를 얼린 것으로 온도가 낮아서 다른 물질을 차갑게 보관할 때 쓰입니다. 그리고 이산화 탄소는 다른 기체보다 무거워서 아래로 가라앉는 성질이 있습니다. 그래서 불에 소화기를 쏘면, 소화기에서 나온 이산화 탄소가 불 주위로 내려가며 산소를 차단해 물체가 타는 것을 방해합니다.

중심 문장 이산화 탄소는 (　　　　　　　　　　)에 이용됩니다.

5 네온은 간판과 조명 기구에 이용됩니다. 네온을 진공 상태의 유리관에 넣고 전기를 흐르게 하면 아름다운 색을 냅니다. 이러한 성질을 이용해 밤거리에서 화려하게 빛나는 네온사인 간판과, 은은한 빛을 내는 네온전구를 만듭니다. 경기장에서 점수가 표시되는 전광판에도 네온이 쓰입니다.

중심 문장 (　　　　)은 간판과 조명 기구에 이용됩니다.

▲ 네온사인 간판

어휘 뜻

*충전물: 빈 곳에 채워 넣는 물질.
*반응하다: 물질 사이에 화학적 변화가 일어나 물질의 성질이나 구조가 변하다.
*냉각제: 식혀서 차게 하는 데 사용하는 물질.
*용접: 두 개의 금속·유리·플라스틱 등을 녹이거나 반쯤 녹인 상태에서 서로 이어 붙이는 일.
*네온사인: 네온 가스를 넣은 유리관에 전기를 통하게 해 여러 가지 빛을 내게 하는 장치.

1 이 글의 핵심어를 찾고, 짜임에 맞게 주요 내용을 정리하세요.

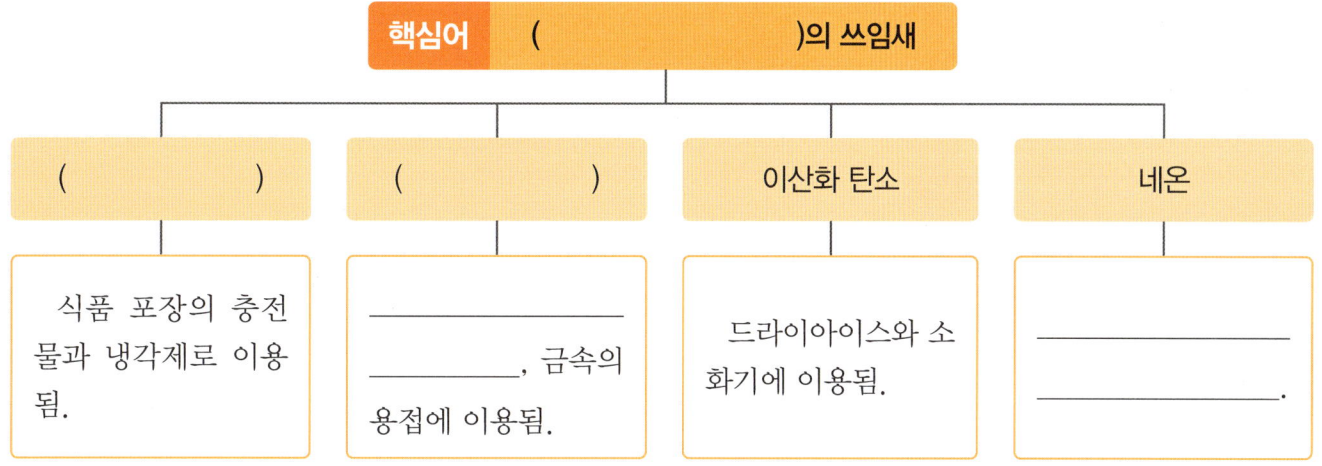

```
핵심어  (          )의 쓰임새
         │
    ┌────┼────┬────────┬────────┐
 (      ) (      )  이산화 탄소   네온
    │       │         │          │
 식품 포장의  _____  드라이아이스와  _____
 충전물과   _____  소화기에        _____
 냉각제로   , 금속의    이용됨.         .
 이용됨.   용접에
          이용됨.
```

2 앞에서 정리한 내용을 바탕으로 이 글의 내용을 요약해 쓰세요.

여러 가지 기체 중 _____.
또 산소는 인공호흡기와 산소통, 금속의 용접에 쓰이고, 이산화 탄소는 드라이아이스와 소화기에 이용됩니다. _____.

 독해 정복!

3 이 글에서 쓰임새를 설명한 기체가 <u>아닌</u> 것을 고르세요. (   )

① 산소　　　　② 네온　　　　③ 헬륨　　　　④ 질소

4 기체의 성질에 따라 기체를 이용한 예가 알맞은 것을 모두 고르세요. (,   )

① 산소: 물질이 잘 타도록 한다. → 인공호흡기
② 질소: 다른 물질과 잘 반응하지 않는다. → 식품 포장의 충전물
③ 네온: 진공관에 넣고 전기를 흐르게 하면 아름다운 색을 낸다. → 네온사인
④ 이산화 탄소: 다른 기체보다 무거워서 아래로 가라앉는다. → 드라이아이스

판소리와 창극

1 판소리는 소리꾼이 노래를 부르면서 이야기를 들려주는 전통 공연 예술이다. 조선 시대에 널리 불려 백성들뿐만 아니라 양반들도 판소리를 보고 즐겼다. 창극은 판소리를 바탕으로 1900년대 초에 생겨난 공연 예술이다. 판소리와 창극은 이야기를 음악으로 만든 공연 예술이라는 점은 같지만 다른 점이 많다.

중심 문장 판소리와 창극은 (　　　　　　　　　　　　　　　)이라는 점은 같지만 다른 점이 많다.

2 판소리와 창극은 등장하는 인물이 다르다. 판소리는 소리꾼 한 명이 여러 인물의 역할을 한다. 예를 들어 판소리 〈심청가〉에 나오는 심청, 심 봉사, 뺑덕어멈 등을 모두 한 명의 소리꾼이 맡아 공연한다. 이에 비해 창극은 연극처럼 여러 명의 배우가 배역을 하나씩 맡는다. 창극 〈심청가〉 공연에는 심청, 심 봉사, 뺑덕어멈 등 많은 인물이 무대에 나온다.

중심 문장 판소리와 창극은 (　　　　　　)이 다르다.

3 판소리와 창극은 반주가 다르다. 판소리는 고수의 북장단 외에는 다른 반주가 없다. 소리꾼은 북장단에 맞추어 노래에 말과 몸짓을 섞어 가며 공연한다. 이와 달리 창극은 배우가 노래할 때 여러 악기로 구성된 악단이 반주를 한다.

중심 문장 판소리와 창극은 (　　　　　)가 다르다.

4 판소리와 창극은 공연 장소에도 차이가 있다. 판소리는 특별한 무대 장치가 필요 없기 때문에 사람들이 모여 앉을 수 있는 곳이면 공연이 가능하다. 옛날에는 장터나 넓은 마당에서 판소리 공연을 했다. 하지만 창극은 무대가 있는 극장에서 공연한다. 무대 장치와 악단이 필요하고, 여러 명의 배우가 나오기 때문이다. 1902년부터 우리나라에 실내 극장이 생기면서 극장은 창극의 공연 장소가 되었다.

중심 문장 판소리와 창극은 (　　　　　　　)에도 차이가 있다.

5 판소리와 창극은 청중의 역할이 다르다. 판소리의 청중은 공연에 적극적으로 참여한다. 가만히 보기만 하지 않고 고수와 함께 '그렇지, 아무렴, 잘한다'와 같은 추임새를 넣으며 흥을 돋운다. 반면 창극의 청중은 수동적이다. 창극은 공연 장소가 극장이고 정해진 대본에 따라 공연하기 때문에 청중이 공연에 미치는 영향이 거의 없다.

중심 문장 판소리와 창극은 (　　　　　　　)이 다르다.

어휘 뜻

* **소리꾼**: 판소리나 민요 등을 부르는 것을 직업으로 하는 사람.
* **배역**: 배우에게 역할을 나누어 맡기는 일. 또는 그 역할.
* **고수**: 북이나 장구 등을 치는 사람.
* **악단**: 음악을 전문적으로나 직업적으로 연주하는 단체.
* **추임새**: 판소리에서 고수가 흥을 돋우기 위하여 창의 사이사이에 넣는 소리.

1 빈칸에 알맞은 말을 넣어 이 글의 핵심어를 완성하세요.

(　　　　　　　　　　　　　　　)의 같은 점과 다른 점

2 이 글의 짜임에 맞게 주요 내용을 정리하세요.

		( )	( )
같은 점		• 이야기를 음악으로 만든 공연 예술이다.	
다른 점	등장하는 인물	• 소리꾼 한 명이 _____ _____.	• 여러 명의 배우가 배역을 하나씩 맡는다.
	반주	• 고수의 북장단 외에 다른 반주가 없다.	• _____ _____.
	공연 장소	• 사람들이 모여 앉을 수 있는 곳이면 공연이 가능하다.	• _____ 에서 공연한다.
	( )의 역할	• 추임새를 넣으며 공연에 적극적으로 참여한다.	• 수동적이고 공연에 미치는 영향이 거의 없다.

3 앞에서 정리한 내용을 바탕으로 이 글의 내용을 요약해 쓰세요.

> 판소리와 창극은 _____이/가 같다. 그러나 등장하는 인물, 반주, _____.

4 다음 중 창극 공연을 본 친구의 이름을 쓰세요.

> 지민: 악단이 여러 가지 전통 악기를 연주하며 노래의 반주를 했어.
> 성진: 소리꾼이 춘향이 역할도 하고 이몽룡 역할도 하며 노래를 불렀어.
> 하율: 청중이 "잘한다!" 하고 추임새를 넣자 소리꾼이 더욱 흥겹게 노래했어.

( )

09

(　　　　　　)

1. 가야금은 우리 민족의 전통 악기이다. 12개의 줄을 뜯거나 튕겨 아름다운 음색을 내며 연주한다. 삼국 시대부터 오늘날까지 가야금 제작은 장인의 손길로 이어져 왔다. 가야금이 어떤 과정을 거쳐 만들어지는지 알아보자.

중심 문장 가야금의 (　　　　　) 과정을 알아보자.

2. 가야금을 만드는 첫 번째 단계는 *울림통의 재료가 되는 좋은 나무를 골라 건조하는 것이다. 가야금 울림통의 앞판은 오동나무, 뒤판은 밤나무로 만든다. 30년 넘은 나무를 타원형으로 잘라 3년 동안 비, 바람, 햇빛에 노출시켜 자연 그대로 건조한다. 그리고 다시 3년을 그늘에서 말린다. 이런 과정을 거쳐야 뒤틀리거나 변형될 염려가 없는 단단한 나무를 얻을 수 있다.

중심 문장 가야금 울림통의 재료가 되는 (　　　　　)를 골라 건조한다.

3. 그다음은 울림통의 크기에 맞게 나무를 자른 뒤 *대패로 깎는 단계이다. 오랫동안 잘 건조시킨 나무를 가야금의 크기에 맞게 자른다. 그리고 나무판의 안과 겉면을 대패질해 형태와 두께를 다듬는다. 가야금은 앞판과 뒤판의 두께에 따라 소리의 울림이 다르기 때문에 가야금 장인은 최상의 울림을 주는 두께로 맞추기 위해 세심하게 대패질을 한다.

중심 문장 울림통의 크기에 맞게 나무를 자른 뒤 (　　　　　).

4. 앞판과 뒤판 깎기가 끝나면 두 판을 붙여 울림통을 만들고 인두로 *지진다. 가야금에는 못이 사용되지 않는다. 대패로 다듬어진 앞판과 뒤판을 마주 보게 하여 떨어지지 않게 끈으로 묶어 놓는다. 하루 뒤에 끈을 풀고 천연 접착제인 아교풀로 두 판을 결합한다. 그리고 울림통의 겉면에 인두질을 한다. 이렇게 울림통을 그을리면 색이 은은하게 짙어지고 나뭇결이 살아난다. 또한 습기에 강해져 곰팡이가 생기는 것을 막을 수 있다.

중심 문장 (　　　　　　　　　) 울림통을 만들고 인두로 지진다.

5. 마지막으로, 울림통에 가야금 줄을 달고 *조율한다. 울림통 한쪽 끝 *봉미에 부들을 꿰어 묶는다. 부들은 가야금 줄을 고정시키는 줄이다. 이 부들에 굵기가 다른 12개의 줄을 연결하고 당겨서 다른 쪽 끝에 있는 고리에 꿴다. 가야금 줄을 모두 달았으면 안족에 줄을 걸친다. 기러기의 발 모양처럼 생긴 안족은 줄을 뜯었을 때 그 떨림을 울림통에 전달하는 역할을 한다. 이 안족을 움직여 위치를 조절하며 음을 맞춘다. 이렇게 오랜 노력과 정성으로 비로소 가야금이 완성된다.

중심 문장 울림통에 (　　　　　)을 달고 조율한다.

어휘 뜻

*울림통: 현악기 등에서 소리를 크고 맑게 내는 역할을 하는 몸통 부분.

*대패: 나무의 표면을 반반하고 매끄럽게 깎는 데 쓰는 연장.

*인두: 바느질할 때 불에 달구어 구겨진 천을 눌러 펴거나 주름을 잡는 데 쓰던 기구.

*지지다: 불에 달군 물건을 다른 물체에 대어 약간 태우거나 눋게 하다.

*조율하다: 악기의 소리를 기준이 되는 음에 맞게 조정하다.

*봉미: 가야금의 줄을 붙들어 매는 꼬리 부분으로 모양이 봉황의 꼬리 같아 이름 붙여짐.

Day 14

1 이 글의 핵심어를 찾고, 짜임에 맞게 주요 내용을 정리하세요.

핵심어 (   )의 제작 과정

| 울림통의 재료가 되는 _____ _____. | → | 울림통의 크기에 맞게 나무를 자른 뒤 대패로 깎음. | → | 앞판과 뒤판을 붙여 울림통을 만들고 인두로 지짐. | → | _____ _____ _____. |

2 앞에서 정리한 내용을 바탕으로 이 글의 내용을 요약해 쓰세요.

> 가야금을 만들려면 먼저, 울림통의 재료가 되는 좋은 나무를 골라 건조한다. 그리고 울림통의 크기에 맞게 나무를 자른 뒤 대패로 깎는다. _____
> _____.

 독해 정복!

3 이 글의 제목으로 알맞은 것을 고르세요. (   )

① 가야금과 거문고
② 전통 악기의 종류와 특징
③ 가야금은 어떻게 만들까?
④ 가야금 연주는 어떻게 할까?

4 가야금을 만들 때 다음 중에서 가장 먼저 할 일을 찾아 기호를 쓰세요.

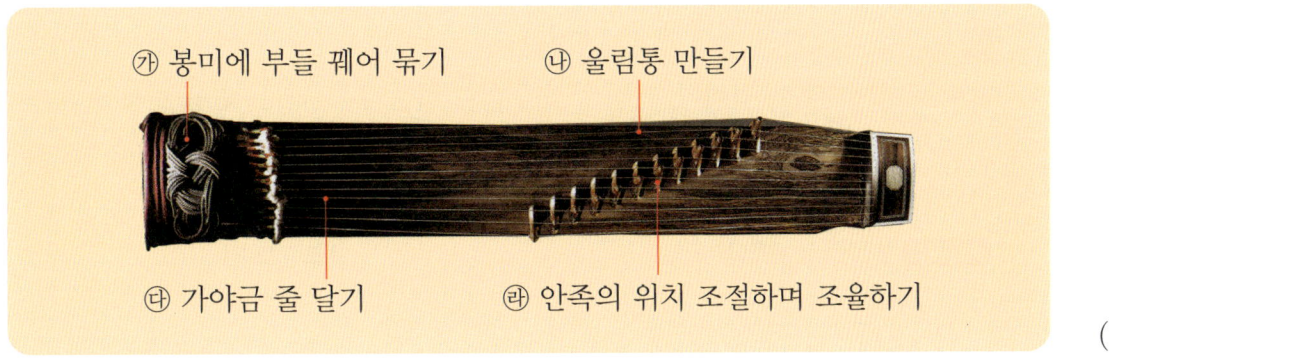

㉮ 봉미에 부들 꿰어 묶기
㉯ 울림통 만들기
㉰ 가야금 줄 달기
㉱ 안족의 위치 조절하며 조율하기

(   )

사회 10

오르락내리락 환율이 미치는 영향

■1 우리가 다른 나라에 여행을 가려면 우리나라 돈을 그 나라 돈으로 바꾸어 가져가야 합니다. 한국의 원화, 미국의 달러화, 일본의 엔화 등 나라마다 쓰는 화폐가 다르기 때문입니다. 이때 화폐의 가치를 따져 우리나라 돈과 다른 나라 돈의 교환 비율을 정하는데 이를 '환율'이라고 합니다. 환율은 국제 경제 상황에 따라 변동합니다. 기준이 되는 것은 주로 전 세계적으로 널리 쓰이는 달러화입니다. 예를 들어 1달러와 교환할 수 있는 한국 돈이 1300원에서 1500원이 되면 '환율이 올랐다'고 하고, 1300원에서 1000원이 되면 '환율이 내렸다'고 합니다. 환율의 변동에 따라 우리 돈의 가치가 달라지는 것입니다.

▲ 세계 여러 나라의 지폐

중심 문장 환율은 우리나라 돈과 다른 나라 돈의 (　　　　　　)로, 국제 경제 상황에 따라 변동합니다.

■2 환율의 변동은 수출과 수입에 많은 영향을 미칩니다. 환율이 오르면 수출이 늘어날 수 있습니다. 예를 들어 환율이 1달러당 1000원에서 1500원으로 오르면 미국 입장에서는 1달러를 주고 1000원어치 물건을 사다가 1500원어치의 물건을 살 수 있게 되는 것입니다. 이전보다 싸진 것이므로 물건을 많이 사서 우리는 그만큼 수출이 늘어납니다. 반면에 우리가 해외에서 사 와야 하는 물건의 값은 비싸진 것이므로 수입이 줄어들 수 있습니다. 환율이 내리면 수출과 수입에서 이와 반대의 현상이 나타나 수입하는 데 유리해집니다.

중심 문장 환율의 변동은 (　　　　　　)에 많은 영향을 미칩니다.

■3 환율의 변동은 개인의 경제생활에도 영향을 미칩니다. 우리나라는 물건을 만들기 위한 원료를 대부분 수입합니다. 환율이 올라 기업이 원료를 비싸게 사 오면 손해를 안 보려고 물건값을 인상합니다. 또 화장품, 약, 옷 등 수입품의 가격도 줄줄이 오릅니다. 이러한 물가 상승은 개인과 가정 경제에 부담을 줍니다. 환율이 오르면 한국 돈의 가치가 떨어진 것이므로 외국에 돈을 보내거나 해외여행을 갈 때에도 더 많은 돈을 써야 합니다. 그래서 환전을 하려는 사람들은 환율이 내리기를 기대하며 날마다 환율을 확인하기도 합니다.

중심 문장 환율의 변동은 (　　　　　　　　)에도 영향을 미칩니다.

■4 이처럼 외국과의 경제 교류가 활발한 오늘날에는 환율이 국가 경제와 개인의 경제생활에 미치는 영향이 큽니다. 특히 무역을 많이 하는 우리나라는 환율 변동에 민감합니다. 환율이 오르내리는 폭이 크면 무역을 할 때 불편함이 많고 경제가 불안정해지기 때문입니다. 따라서 나라에서는 환율이 안정적으로 유지되도록 노력합니다.

중심 문장 나라에서는 환율이 (　　　　　　　　) 노력합니다.

어휘 뜻

*국제 경제: 나라와 나라 사이에 이루어지는 경제 교류 및 그러한 교류로 성립된 경제 체제.

*변동하다: 바뀌어 달라지다.

*물가: 여러 가지 상품이나 서비스의 가치를 종합적이고 평균적으로 본 물건의 값.

*환전: 종류가 다른 화폐와 화폐를 교환함. 또는 그런 일.

*안정적: 바뀌어 달라지지 않고 일정한 상태를 유지하게 되는 것.

1 이 글의 핵심어를 찾고, 짜임에 맞게 주요 내용을 정리하세요.

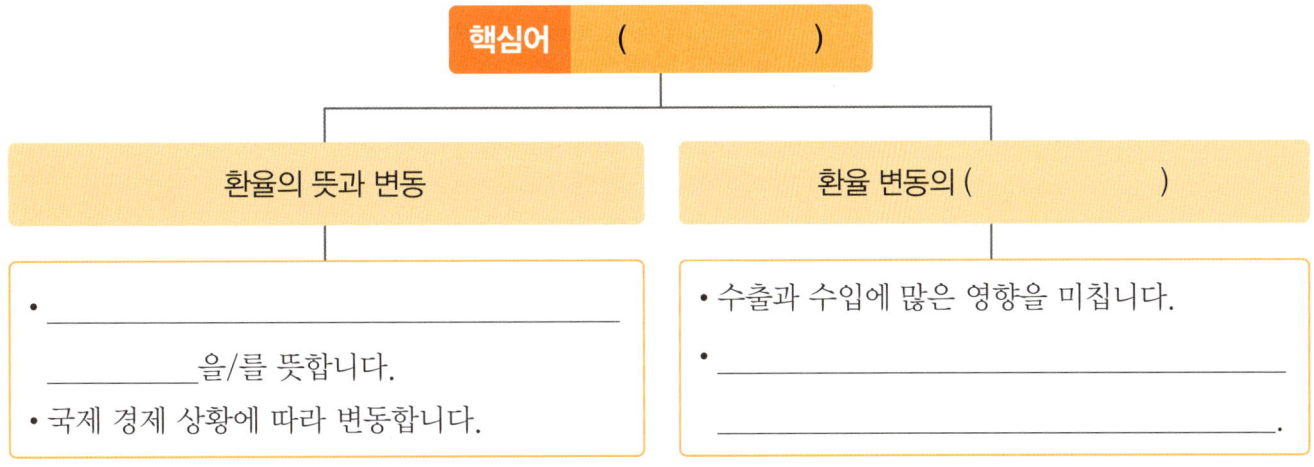

2 앞에서 정리한 내용을 바탕으로 이 글의 내용을 요약해 쓰세요.

환율은 우리나라 돈과 다른 나라 돈의 교환 비율로, _____
_____. 이러한 환율 변동은 _____.

> 독해 정복!

3 이 글을 읽고 알 수 있는 내용으로 알맞은 것을 찾아 ○표 하세요.

⑴ 환율의 의미, 환율 변동이 경제에 미치는 영향 (   )
⑵ 환전하는 방법, 환율 변동이 정치에 미치는 영향 (   )
⑶ 화폐의 역사, 국제 경제 상황이 환율에 미치는 영향 (   )

4 환율에 대한 설명으로 알맞지 <u>않은</u> 것을 고르세요. (   )

① 환율이 내리면 수입이 늘어난다.
② 환율이 오르면 물가가 상승할 수 있다.
③ 환율의 변동 폭이 클수록 경제가 안정된다.
④ 우리나라 돈을 다른 나라 돈으로 바꿀 때에는 환율에 따라 교환한다.

사회 11

편견과 차별은 이제 그만!

1 국제적 교류가 활발해지면서 우리나라에 거주하는 외국인이 250만 명을 넘어섰다. 여행자뿐만 아니라 유학생, 이주 노동자 등 세계 여러 나라에서 온 다양한 인종의 사람들이 우리와 함께 살아가고 있다. 그런데 많은 외국인이 한국에서 문화적 편견과 차별을 경험했다고 말한다. 선진국에서 온 사람과 달리 개발 도상국 출신의 이주민은 배척을 당하고, 학교에서는 다문화 가정의 학생이 또래 관계에서 어려움을 겪기도 한다. 또 한 지역에서는 무슬림은 과격하다는 편견으로 주민들이 이슬람 사원 건축을 반대하는 일도 있었다. 우리나라가 다문화 사회가 되어 가는 상황에서 문화적 편견과 차별은 시급히 해결해야 할 문제이다.

중심 문장 많은 외국인이 한국에서 (   )을 경험하는 문제를 해결해야 한다.

2 그 해결 방안으로 첫째, 다양한 문화를 이해할 수 있는 기회를 마련해야 한다. 우리나라는 단일 민족의 역사와 전통을 가졌다. 그래서 다른 나라의 생활 문화나 음식 문화, 종교 등에 대해 한국 문화를 기준으로 판단하는 경향이 있다. 그로 인한 문화적 편견에서 벗어날 수 있도록 세계 여러 나라의 역사와 문화를 배우고 접하는 기회가 많아져야 한다.

중심 문장 해결 방안으로 첫째, 다양한 문화를 이해할 수 있는 (   ).

3 둘째, 다양성을 존중하는 교육을 강화해야 한다. 한국인과 외국인이 어울려 살기 위해서는 서로의 문화적 정체성을 존중하는 자세가 필요하다. 소고기를 안 먹거나, 하루 다섯 번 절하며 기도를 드리는 등 자신이 속한 문화와 종교를 따르는 사람들에게 한국 문화를 강요해서는 안 될 것이다. 낯선 문화를 포용할 수 있도록 학교와 사회에서 적극적으로 다문화주의 교육을 해야 할 때이다.

중심 문장 둘째, (   )을 존중하는 교육을 강화해야 한다.

4 셋째, 법으로 차별을 금지해야 한다. 다양한 배경의 이민자들이 함께 사는 미국, 호주 등에서는 일찍이 차별 금지법을 만들어 시행했다. 피부색, 종교, 언어, 출신 국가 등에 따른 차별이 법을 어기는 일이 되면 사람들의 생각과 행동이 달라지게 된다. 그 결과 많은 사람이 편견으로 인해 차별받는 상황이 개선될 수 있다.

중심 문장 셋째, 법으로 차별을 (   ).

5 세계의 여러 문화에 1등, 2등과 같은 순위를 매길 수 없다. 문화에는 서로 다른 차이가 있을 뿐이다. 문화적 편견을 가지고 다른 나라 사람을 차별했던 적은 없는지 되돌아보자. 그리고 서로의 차이를 존중하고 다양한 문화를 포용하는 태도를 갖자.

중심 문장 서로의 (   )하고 다양한 문화를 포용하는 태도를 갖자.

어휘 뜻

*배척: 따돌리거나 거부하여 밀어 내침.

*무슬림: 이슬람교를 믿는 사람.

*단일 민족: 한 나라의 주민이 단일한 인종으로 구성되어 있는 민족.

*정체성: 변하지 않는 고유한 본래의 모습.

*포용하다: 남을 너그럽게 감싸 주거나 받아들이다.

*다문화주의: 여러 유형의 이질적인 문화를 한 사회 안에서 유연하게 수용하여 공존하자는 태도나 입장.

Day 16

1 빈칸에 알맞은 말을 넣어 이 글의 핵심어를 완성하세요.

( ) 문제를 해결하는 방법

2 이 글의 짜임에 맞게 주요 내용을 정리하세요.

문제점
많은 외국인이 _____.

해결 방안 1	해결 방안 2	해결 방안 3
다양한 문화를 이해할 수 있는 기회를 마련한다.	_____ 을/를 강화한다.	_____ _____.

3 앞에서 정리한 내용을 바탕으로 이 글의 내용을 요약해 쓰세요.

많은 외국인이 한국에서 _____을/를 경험하는 문제를 해결하기 위해서는 _____
_____. 그리고 법으로 차별을 금지해야 한다.

 독해 정복!

4 글쓴이의 주장으로 알맞은 것을 찾아 ○표 하세요.

(1) 문화적 편견과 차별 문제를 널리 알려야 한다. ( )
(2) 문화적 차이를 존중하고 다양한 문화를 포용해야 한다. ( )
(3) 우리나라에 사는 외국인들에게 한국의 문화를 교육해야 한다. ( )

5 이 글에서 문제 상황을 구체적으로 제시한 문단의 번호를 쓰세요.

( )

미술 12

알록달록 색은 어떤 속성이 있을까?

1 우리는 주변에서 다양한 색을 본다. 파란 가방, 노란 우산, 하얀 자동차……. 이러한 색은 색상, 채도, 명도의 세 가지 *속성을 가지고 있다. 색의 3속성을 잘 이해하면 그림을 그리고 디자인을 할 때 색을 아름답게 표현하고, 일상생활에서 색을 목적에 맞게 활용할 수 있다.

중심 문장 (　　　　　)은 색상, 채도, 명도의 세 가지 속성을 가지고 있다.

2 색상은 빨강, 노랑, 파랑처럼 어떤 색을 다른 색과 구분하는 고유한 성질을 말한다. 빨강, 주황처럼 따뜻한 느낌을 주는 난색, 파랑, 남색 등 찬 느낌을 주는 한색, 초록, 보라와 같이 따뜻한 느낌이나 찬 느낌을 주지 않는 중성색으로 나눌 수 있다. 색상은 주변색의 영향으로 다르게 보이기도 한다. 따라서 정확한 색 구분을 위한 기준으로 *규격화된 색상환을 사용한다. 색상환에서 색이 배열된 위치를 통해 색상들 간의 관계도 한눈에 파악할 수 있다.

▲ 12색상환

중심 문장 색상은 (　　　　　　　　　)을 말한다.

3 채도는 색의 순수하고 선명한 정도를 말한다. 채도가 높으면 '선명하다'라고 하고, 채도가 낮으면 '탁하다'라고 한다. 한 색상에서 어떤 색도 섞이지 않아 채도가 가장 높은 색을 순색이라고 하는데, 순색에 흰색, 회색, 검정색을 섞으면 채도가 낮아진다. 예를 들어 선명하고 강렬한 *색감의 빨강은 채도가 높고, 빨강에 흰색을 섞은 분홍은 색의 순도가 줄어들어 빨강보다 채도가 낮다.

중심 문장 채도는 색의 (　　　　　　　　　) 정도를 말한다.

4 명도는 색의 밝고 어두운 정도를 말한다. 명도가 가장 높은 색은 흰색, 가장 낮은 색은 검정색이다. 색의 밝기가 흰색에 가까울수록 명도가 높고 검정색에 가까울수록 명도가 낮아서 분홍은 빨강보다 채도가 낮지만 명도는 높다. 색 중에 흰색, 회색, 검정색처럼 색상과 채도가 없고 명도만 있는 색을 무채색이라고 한다.

중심 문장 명도는 색의 (　　　　　　　　) 정도를 말한다.

어휘 뜻

*속성: 사물의 특징이나 성질.

*규격화되다: 표준으로 삼아 따르도록 수치나 형식이 정해져 그에 맞추어지다.

*색상환: 색을 가시광선의 스펙트럼 순서로 둥그렇게 배열한 고리 모양의 도표. 배열한 색의 수에 따라 10색상환, 12색상환, 20색상환 등이 있다.

*색감: 색에서 받는 느낌.

Day 17

1 이 글의 핵심어를 찾고, 짜임에 맞게 주요 내용을 정리하세요.

핵심어 색의 ( )

( ) | 채도 | ( )

어떤 색을 다른 색과 구분하는 고유한 성질 | 색의 순수하고 _____ _____ | _____ _____

2 앞에서 정리한 내용을 바탕으로 이 글의 내용을 요약해 쓰세요.

색이 가진 세 가지 속성은 _____이다. _____
_____, 채도는 색의 순수하고 선명한 정도이다.
_____.

 독해 정복!

3 다음은 1~4 중 어느 부분에 덧붙일 내용인지 문단의 번호를 쓰세요.

색상환에서 가깝게 이웃하고 있는 색은 색상 차가 작은 유사색이고, 비교적 멀리 있는 색은 색상 차가 큰 대조색이다. 가장 멀리에서 서로 마주 보고 있는 색은 보색이라고 한다.

( )

4 이 글에서 설명한 색의 속성에 맞게 알맞은 말을 찾아 ○표 하세요.

• 분홍은 빨강보다 (채도 , 명도)가 높고 (채도 , 명도)는 낮다.

가마솥과 전기 압력밥솥

1 '밥심으로 산다'라는 말에서 보듯 우리 민족은 예로부터 밥을 주식으로 삼았다. 그리고 밥을 짓는 솥은 중요한 부엌살림이었다. 우리 조상들은 여러 종류의 솥을 사용하였는데, 그중 무쇠로 만든 커다란 가마솥에 밥을 지으면 유난히 밥맛이 좋았다. 오늘날 대부분의 가정에서 사용하는 전기 압력밥솥은 가마솥의 원리를 바탕으로 개발한 것이다. 전통 가마솥과 현대의 전기 압력밥솥은 어떤 공통점과 차이점이 있는지 알아보자.

중심 문장 전통 가마솥과 (　　　　　　)의 공통점과 차이점을 알아보자.

2 가마솥과 전기 압력밥솥은 모두 높은 압력과 고온으로 밥을 짓는다. 가마솥의 솥뚜껑 무게는 솥 전체 무게의 3분의 1에 달한다. 무거운 뚜껑을 덮으면 수증기가 덜 빠져나가 솥 내부의 압력이 높아지고, 물의 끓는점이 높아져 100도 이상의 온도에서 밥이 지어진다. 전기 압력밥솥도 같은 원리로 밥을 짓는다. 톱니바퀴들이 서로 맞물리면서 뚜껑이 닫히기 때문에 밥을 짓는 도중에 수증기가 빠져나가지 않는다. 이렇게 높은 압력과 고온으로 밥을 지으면 쌀알 하나하나가 잘 익고 뜸도 잘 들어 밥이 차지고 맛이 좋다.

중심 문장 가마솥과 전기 압력밥솥은 모두 (　　　　　　　　　)으로 밥을 짓는다.

3 장작불로 밥을 짓는 가마솥은 불에 직접 닿는 밑바닥 부분이 옆면보다 두껍다. 밥을 지을 때 전체적으로 열이 고르게 전달되지 않으면 아래쪽 밥은 타고 위쪽 밥은 설익어 삼층밥이 될 수 있다. 그래서 가마솥은 서서히 달궈지는 무쇠의 특성을 고려해 부위별로 솥의 두께를 달리 만든다. 이와 달리 전기로 밥을 짓는 전기 압력밥솥은 솥 전체에 감겨 있는 구리 코일에 전류를 흐르게 하여 열을 발생시킨다. 그 열로 솥 전체를 단번에 뜨겁게 하는 방식으로 열을 고르게 전달한다. 이처럼 가마솥과 전기 압력밥솥은 솥 전체에 열을 고르게 전달하는 방법에 차이가 있다.

중심 문장 가마솥과 전기 압력밥솥은 솥 전체에 (　　　　　　　　　)에 차이가 있다.

4 가마솥에는 별다른 안전장치가 없고 전기 압력밥솥에는 안전장치가 있다는 점도 다르다. 가마솥은 내부의 압력이 높아지면 틈으로 수증기가 조금씩 빠져나와서 폭발 위험이 없다. 반면에 전기 압력밥솥은 수증기로 인해 내부 압력이 계속 높아지면 안전사고가 날 위험이 있다. 안전사고 예방을 위해 전기 압력밥솥에는 압력이 일정 정도 이상 되면 수증기를 빼 주는 압력 조절 장치가 있다. 또 뚜껑이 잘 닫혔는지 점검하는 뚜껑 결합 감지 장치, 과열 방지 장치 등 여러 안전장치가 달려 있다.

중심 문장 가마솥에는 안전장치가 (　　　　) 전기 압력밥솥에는 (　　　　)는 점이 다르다.

어휘 뜻

*밥심: 밥을 먹고 나서 생긴 힘.

*끓는점: 액체가 끓기 시작하는 온도.

*뜸: 음식을 찌거나 삶아서 익힐 때 불을 끄고 한참 동안 뚜껑을 열지 않고 그대로 두어 골고루 잘 익게 하는 일.

*차지다: 반죽이나 밥, 떡 등이 끈기가 많다.

*설익다: 충분하지 않게 익다.

*삼층밥: 삼 층이 되게 지은 밥. 맨 위는 설거나 질고, 중간은 제대로 되고, 맨 밑은 탄 밥을 이르는 말.

1. 빈칸에 알맞은 말을 넣어 이 글의 핵심어를 완성하세요.

   (　　　　　　　　　　　　　　　　　)의 공통점과 차이점

2. 이 글의 짜임에 맞게 주요 내용을 정리하세요.

		(　　　　　)	(　　　　　)
공통점		• 높은 압력과 고온으로 밥을 짓는다.	
차이점	솥 전체에 열을 고르게 전달하는 방법	• 무쇠의 특성을 고려해 _____.	• _____을/를 감아 열이 솥 전체를 단번에 뜨겁게 한다.
	(　　　　　)	• 폭발 위험이 없어 별다른 안전장치가 없다.	• 안전사고 예방을 위해 안전장치가 있다.

3. 앞에서 정리한 내용을 바탕으로 이 글의 내용을 요약해 쓰세요.

   　　가마솥과 전기 압력밥솥은 _____은/는 공통점이 있다. _____
   _____에는 차이점이 있다.

   ▲ 독해 정복!

4. ③문단과 ④문단에서 설명한 내용이 무엇인지 알맞은 말을 찾아 ○표 하세요.

   • 가마솥과 전기 압력밥솥의 (단점 , 공통점 , 차이점)

5. 다음 중 대상에 대한 설명이 알맞은 것을 고르세요. (　　　　)

   ① 가마솥은 폭발 위험이 없다.　　② 가마솥은 부위별 두께가 일정하다.
   ③ 전기 압력밥솥은 뚜껑이 무겁다.　　④ 전기 압력밥솥은 서서히 달궈진다.

14

악덕 소비자, 블랙 컨슈머

1 '블랙 컨슈머'란 구매한 상품을 문제 삼아 피해를 본 것처럼 꾸며 기업에 악의적 민원을 제기하거나 보상을 요구하는 소비자를 말합니다. 이들은 제품을 한동안 사용한 뒤에 하자가 있다고 환불을 요구하거나, 식품에 일부러 이물질을 넣고 피해를 보았다고 보상금을 챙기기도 합니다. 인터넷에 제품에 대한 나쁜 평을 퍼뜨리겠다고 위협하는 경우도 있습니다. 이러한 블랙 컨슈머가 증가하여 기업과 소비자의 피해가 커지고 있습니다. 기업은 블랙 컨슈머의 악성 민원을 처리하는 데 많은 시간과 인력, 비용을 소모합니다. 이는 제품 가격 상승으로 이어질 수 있어 소비자까지 피해를 보게 됩니다. 또한 블랙 컨슈머는 기업과 소비자 간의 신뢰를 깨뜨려 소비자의 건전한 소비 활동에 악영향을 줍니다. 그럼 블랙 컨슈머 문제를 해결하기 위해 경제 주체인 기업, 정부, 소비자는 각각 어떤 노력을 해야 할까요?

중심 문장 (   )가 증가하여 기업과 소비자의 피해가 커지고 있습니다.

2 기업은 제품의 품질 관리를 철저하게 해야 합니다. 블랙 컨슈머는 제품의 하자를 빌미로 과도한 보상을 요구합니다. 하자를 최소화하고 품질을 높이면 블랙 컨슈머의 악의적 행동을 방지할 수 있습니다. 그리고 소비자에게 품질이 우수한 제품을 만드는 기업이라는 인상을 심어 줄 수 있습니다. 소비자가 평소에 기업과 제품에 대해 긍정적인 인상을 갖고 있으면 블랙 컨슈머가 나쁜 평을 퍼뜨리더라도 영향을 덜 받습니다.

중심 문장 기업은 (   )를 철저하게 해야 합니다.

3 정부는 블랙 컨슈머에 대응할 수 있는 법과 제도를 마련해야 합니다. 인터넷의 발달과 소셜 네트워크의 사용으로 블랙 컨슈머가 사회에 끼치는 악영향이 예전보다 커졌습니다. 이러한 상황에서 기업은 제품과 기업의 이미지가 나빠지는 것을 우려해 블랙 컨슈머의 요구를 들어주며 소극적으로 대응하기 쉽습니다. 기업에만 맡기는 것보다 정부가 적극적으로 나설 때 효과적인 문제 해결이 가능합니다.

중심 문장 정부는 블랙 컨슈머에 대응할 수 있는 (   )를 마련해야 합니다.

4 소비자는 건전한 소비 활동을 해야 합니다. 소비자는 여러 제품을 살펴보며 합리적 선택을 하고, 구매한 제품에 하자가 있을 때는 기업에 문제를 제기할 권리가 있습니다. 하지만 기업에 부당한 손실을 입히면서 자신의 이익만을 지나치게 추구하는 것은 바람직하지 않습니다. 블랙 컨슈머가 되지 않기 위해 자신이 건전한 소비 활동을 하고 있는지 점검해 보는 태도가 필요합니다.

중심 문장 소비자는 (   )을 해야 합니다.

어휘 뜻

- **악의적**: 나쁜 마음이나 좋지 않은 뜻을 가진. 또는 그런 것.
- **민원**: 주민이 어떤 기관에 원하는 바를 처리해 달라고 요구하는 일.
- **보상**: 남에게 끼친 손해를 갚음.
- **하자**: 어떤 사물이나 일에서 잘못되거나 불완전한 부분.
- **빌미**: 어떤 일을 하기 위한 핑계.
- **부당하다**: 도리에 어긋나서 정당하지 않다.

Day 19

1 빈칸에 알맞은 말을 넣어 이 글의 핵심어를 완성하세요.

( ) 문제를 해결하는 방법

2 이 글의 짜임에 맞게 주요 내용을 정리하세요.

| 문제점 | 블랙 컨슈머가 증가하여 _____. |

해결 방안 1	해결 방안 2	해결 방안 3
기업은 _____ _____.	정부는 블랙 컨슈머에 대응할 수 있는 법과 제도를 마련합니다.	_____ _____.

3 앞에서 정리한 내용을 바탕으로 이 글의 내용을 요약해 쓰세요.

_____ 기업과 소비자의 피해가 커지고 있습니다. 이 문제를 해결하려면 기업은 제품의 품질 관리를 철저하게 해야 합니다. _____ _____.

🔺 **독해 정복!**

4 이 글에 나타난 글쓴이의 생각으로 알맞은 것을 고르세요. (   )

① 소비자들은 블랙 컨슈머가 되기 위해 노력해야 한다.
② 정부와 기업은 블랙 컨슈머의 목소리에 귀 기울여야 한다.
③ 블랙 컨슈머 문제의 해결은 기업에 맡기는 것이 바람직하다.
④ 기업, 정부, 소비자가 함께 노력하여 블랙 컨슈머 문제를 해결해야 한다.

5 블랙 컨슈머 문제의 해결 방안을 제시한 문단을 모두 고르세요. (,   ,   )

① **1** 문단　　② **2** 문단　　③ **3** 문단　　④ **4** 문단

우리 몸은 자극에 어떻게 반응할까?

1 인체는 몸 밖에서 *자극이 주어질 때 *반응을 합니다. 전화벨 소리를 듣고 전화를 받거나, 날아오는 공을 보고 손으로 잡는 행동은 자극에 대한 반응이 일어난 것입니다. 이 반응은 보통 0.1초 정도로 눈 깜짝할 사이에 일어납니다. 우리가 바닥에 떨어진 지우개를 보았을 때 지우개를 줍는 행동으로 우리 몸에서 자극이 전달되고 반응하는 과정을 알아봅시다.

중심 문장 │ 우리 몸에서 자극이 전달되고 반응하는 (　　　　)을 알아봅시다.

2 맨 먼저, 감각 기관이 자극을 받아들입니다. 우리 몸은 감각 기관인 눈, 귀, 코, 혀, 피부를 통해 보고, 듣고, 냄새 맡고, 맛을 느끼는 등 다양한 자극을 받아들입니다. 바닥에 지우개가 떨어진 상황에서 감각 기관인 눈은 지우개를 보고 그 자극을 받아들입니다.

중심 문장 │ 맨 먼저, (　　　　　)이 자극을 받아들입니다.

3 두 번째로, 말초 신경계를 통해 자극이 중추 신경계로 전달됩니다. 말초 신경계란 감각 신경과 운동 신경으로 이루어진 *신경계로, 온몸 구석구석까지 뻗어 있습니다. 눈으로 받아들인 자극은 말초 신경계의 감각 신경을 통해 중추 신경계로 전달됩니다.

중심 문장 │ 두 번째로, 말초 신경계를 통해 자극이 (　　　　)로 전달됩니다.

4 세 번째로, 중추 신경계가 자극을 해석하고 적절한 행동을 결정합니다. 중추 신경계는 뇌와, 뇌와 몸을 연결하는 *척수로 이루어져 있습니다. 자극을 전달받은 뇌는 바닥에 지우개가 떨어져 있는 시각 정보를 해석하여 지우개를 줍겠다고 결정합니다.

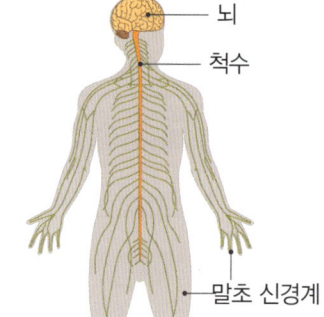

중심 문장 │ 세 번째로, 중추 신경계가 (　　　　　　) 적절한 행동을 결정합니다.

5 네 번째로, 뇌가 결정한 내용이 말초 신경계를 통해 운동 기관으로 전달됩니다. 운동 기관은 몸을 움직이게 하는 뼈와 근육 등으로, 중추 신경계의 명령에 의해 반응합니다. 지우개를 주우라고 뇌가 내린 명령이 척수를 거쳐 말초 신경계의 운동 신경을 통해 팔의 근육으로 전달됩니다.

중심 문장 │ 네 번째로, (　　　　　　)이 말초 신경계를 통해 운동 기관으로 전달됩니다.

6 마지막으로, 운동 기관은 전달받은 대로 행동합니다. 지우개를 주우라는 명령에 따라 팔의 근육이 움직여 지우개를 줍습니다. 이렇게 뇌의 명령에 따라 일어나는 반응을 '의식적인 반응'이라고 합니다.

중심 문장 │ 마지막으로, (　　　　　) 은 전달받은 대로 행동합니다.

어휘 뜻

*자극: 생물의 감각 기관에 작용하여 반응을 일으키게 하는 일.

*반응: 자극에 대응하여 어떤 현상이 일어남. 또는 그 현상.

*신경계: 자극을 받아들여 몸의 다른 곳으로 전달하고 반응하도록 하는 기관으로 신경 세포인 뉴런으로 이루어짐.

*척수: 등 한가운데 있는 뼈인 척추 안에 들어 있는 신경계로 뇌와 이어져 있음.

*의식적: 어떤 것을 알거나 스스로 깨달으면서 일부러 하는 것.

Day 20

1 이 글의 핵심어를 찾고, 짜임에 맞게 주요 내용을 정리하세요.

핵심어 ( )이/가 전달되고 ( )하는 과정

감각 기관	말초 신경계	중추 신경계	말초 신경계	운동 기관
_____ _____ _____ _____ .	말초 신경계의 감각 신경을 통해 자극이 중추 신경계로 전달됨.	중추 신경계의 뇌가 자극을 해석하고 _____ _____ .	뇌가 결정한 내용이 말초 신경계의 운동 신경을 통해 _____ .	전달받은 대로 근육을 움직여 행동함.

2 앞에서 정리한 내용을 바탕으로 이 글의 내용을 요약해 쓰세요.

우리 몸의 감각 기관이 자극을 받아들이고, 말초 신경계의 감각 신경을 통해 _____ _____. 그런 다음 중추 신경계의 _____이/가 자극을 해석하고 적절한 행동을 결정합니다. _____ _____.

▲ 독해 정복!

3 우리 몸에서 자극이 전달되고 반응하는 과정에 맞게 번호를 쓰세요.

(1) 팔의 근육이 움직여 지우개를 줍는 반응을 한다. (　　　)
(2) 눈이 바닥에 떨어진 지우개를 보고 자극을 받아들인다. (　　　)
(3) 눈으로 받아들인 자극이 감각 신경을 통해 뇌로 전달된다. (　　　)
(4) 뇌에서 결정한 내용이 운동 기관인 팔의 근육으로 전달된다. (　　　)
(5) 뇌가 전달받은 자극을 해석하고 지우개를 줍겠다고 결정한다. (　　　)

4 다음 중에서 중추 신경계를 이루는 것을 모두 고르세요. (　　,　　)

① 뇌   ② 근육   ③ 척수   ④ 감각 신경

사회 16

가난한 지구촌 사람들

1 국제 연합은 2015년에 인류가 2030년까지 달성해야 할 17가지 목표를 발표했다. 그 중 첫 번째가 '빈곤 퇴치'이다. 빈곤은 사람이 사람답게 사는 데 필요한 자원이나 소득이 부족한 상태를 말한다. 전 세계 인구의 10퍼센트인 7억 명이 넘는 사람들이 끼니도 제대로 먹지 못하는 절대적 빈곤 상태에서 고통받고 있다. 분쟁 지역과 난민이 늘어나고, 극심한 가뭄과 같은 기상 이변으로 식량 생산이 감소하는 등 빈곤의 원인은 다양하고 복합적이다. 국제 사회는 지구촌의 빈곤 문제를 해결하기 위해 다음과 같은 노력을 해야 한다.

중심 문장 국제 사회는 (   )를 해결하기 위해 노력해야 한다.

2 선진국은 개발 도상국에 돈과 기술을 원조한다. 빈곤 인구의 대다수가 개발 도상국에 살고 있다. 따라서 개발 도상국의 경제 성장은 빈곤 인구를 줄이는 데 중요한 조건이 된다. 원조를 받아 나라의 경제 상황이 나아지면 정부에서는 가난한 국민들에게 의식주를 지원할 수 있다. 또한 경제 발전으로 일자리가 생기면 빈곤층의 소득이 늘어나 가난에서 벗어날 수 있다.

중심 문장 선진국은 (   )에 돈과 기술을 원조한다.

3 국제기구는 빈곤과 기아로 어려움을 겪는 사람들을 지원한다. 여러 국제기구 중 유니세프는 굶주림과 질병에 시달리는 어린이들을 보살피고 돕는다. 또 세계 식량 계획은 식량이 부족한 나라에 식량을 지원하고 농업 생산량을 늘리도록 돕고 있다. 지구촌 빈곤 문제 해결에는 국제적 협력이 중요하므로 국제기구의 지원을 더욱 확대해 나가야 한다.

중심 문장 (   )는 빈곤과 기아로 어려움을 겪는 사람들을 지원한다.

4 빈곤 국가의 아동들에게 교육의 기회를 준다. 세계 곳곳에는 가난 때문에 학교에 가지 못하고 일하러 가는 아이들이 많다. 가난한 나라가 원조에 의존하지 않고 스스로의 힘으로 빈곤에서 벗어나려면 나라를 발전시킬 인재를 길러야 한다. 배고픈 사람에게 물고기를 잡아 주지 않고 물고기 잡는 법을 가르쳐야 하듯이 교육은 빈곤 문제의 근본적 해결책이 될 수 있다.

중심 문장 (   ).

5 누구나 깨끗한 물과 밥을 먹고, 안전한 집에서 지낼 권리가 있다. 또한 어린이와 청소년은 교육의 기회를 얻어 미래를 꿈꿀 권리가 있다. 그러나 극심한 빈곤은 인간의 기본적인 권리를 누릴 수 없게 한다. 이런 점에서 빈곤 문제는 인권의 문제이기도 하다. 지구촌의 빈곤 문제에 우리 모두가 관심을 가지고 함께 해결해야 한다.

중심 문장 지구촌의 빈곤 문제에 우리 모두가 (   ).

어휘 뜻

*퇴치: 물리쳐서 아주 없애 버림.
*절대적 빈곤: 인간의 생존에 필요한 최저한의 물자조차 부족한 극도의 빈곤.
*난민: 인종, 종교, 전쟁, 재난, 정치 등의 이유로 곤경에 빠져 다른 나라로 가는 사람.
*원조하다: 물품이나 돈 등으로 도와주다.
*국제기구: 어떤 국제적인 목적이나 활동을 위해서 두 나라 이상의 회원국으로 구성된 조직체.
*기아: 먹을 것이 없어 배를 곯는 것.

Day 21

1 빈칸에 알맞은 말을 넣어 이 글의 핵심어를 완성하세요.

지구촌의 (   )을/를 해결하는 방법

2 이 글의 짜임에 맞게 주요 내용을 정리하세요.

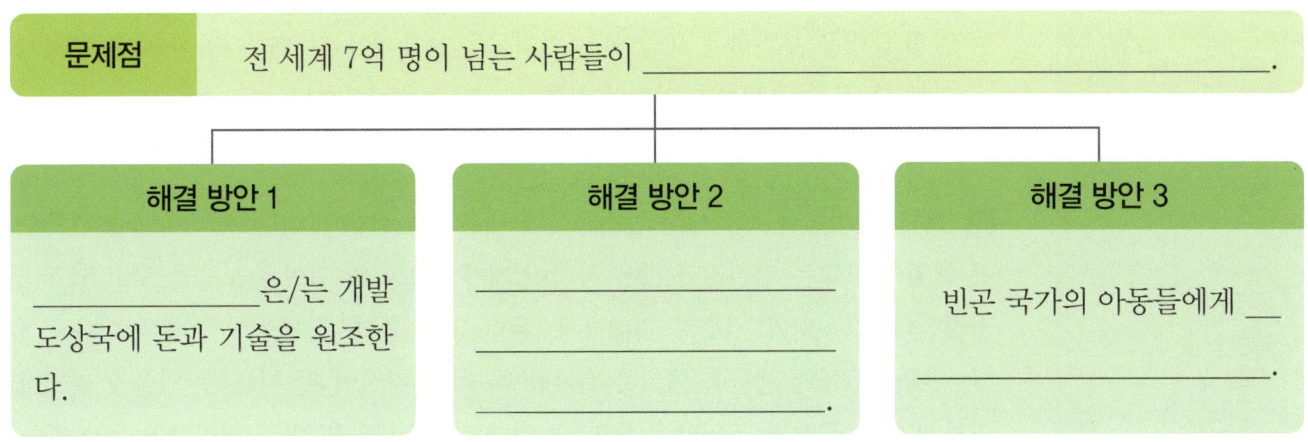

| 문제점 | 전 세계 7억 명이 넘는 사람들이 _____. |

해결 방안 1	해결 방안 2	해결 방안 3
_____은/는 개발도상국에 돈과 기술을 원조한다.	_____.	빈곤 국가의 아동들에게 _____.

3 앞에서 정리한 내용을 바탕으로 이 글의 내용을 요약해 쓰세요.

_____을/를
해결하기 위해 _____,
국제기구는 빈곤과 기아로 어려움을 겪는 사람들을 지원해야 한다. _____.

 **독해 정복!**

4 글쓴이와 같은 생각을 찾아 ○표 하세요.

(1) 지구촌의 빈곤 문제보다 국내 빈곤 아동에게 더 관심을 기울여야 한다. (   )
(2) 가난한 사람들이 스스로 해결할 수 있도록 빈곤 문제를 모른 척해야 한다. (   )
(3) 지구촌의 빈곤 문제는 전 세계 사람들이 관심을 가지고 함께 해결해야 한다. (   )

5 **1**문단에 들어갈 수 있는 내용으로 알맞은 것을 찾아 ○표 하세요.

(1) 개인은 빈곤 문제 해결을 위해 활동하는 국제기구나 민간 단체를 후원한다. (   )
(2) 코로나19의 유행은 전 세계에 경제적 손실을 가져다주어 가난한 사람은 더욱 가난해졌다. (   )

17

(　　　　　　　　　）

1 우리나라에 반려동물을 키우는 가정은 전체 가구의 약 25퍼센트로 네 집당 한 집꼴이다. 반려동물의 수가 늘어남에 따라 유기 동물 수도 증가하여 해마다 10만 마리가 넘는 반려동물이 버려지고 있다. 이러한 상황에 대한 해결책으로 반려동물 보유세 논의가 시작되어, 현재 찬반 의견이 팽팽하다. 반려동물 보유세란 반려동물을 키우는 사람에게 매년 일정 금액을 부과하는 세금이다. 반려동물 보유세를 걷으면 다음과 같은 효과가 있으므로 반려동물 보유세를 도입해야 한다.

중심 문장 (　　　　　　　　　　　　　　　)에게 부과하는 반려동물 보유세를 도입해야 한다.

2 첫째, 반려동물 보유세는 반려동물에 대한 책임감을 높인다. 반려동물을 키우는 것은 큰 책임이 따르는 일이지만 많은 사람이 개나 고양이의 귀여운 모습을 보고 쉽게 입양을 결정한다. 그러다가 키우기 귀찮아서, 돈이 많이 들어서, 병들어서 등의 이유로 유기한다. 반려동물에게 세금을 매겨 돈을 내도록 하면 자신이 잘 키울 수 있을지 진지하게 고민하게 되어 무분별한 입양을 줄일 수 있다. 또한 세금을 내는 책임감 있는 사람들만 반려동물을 키우게 되면 유기 동물의 수도 자연히 줄일 수 있다.

중심 문장 첫째, 반려동물 보유세는 반려동물에 대한 (　　　　　　　)을 높인다.

3 둘째, 반려동물 보유세를 동물 복지 향상을 위해 사용할 수 있다. 길에 유기된 동물들은 각 지역에 있는 동물 보호 센터에서 한동안 보호한다. 동물 보호 센터를 운영하려면 사룟값, 시설 관리비, 의료비 등 많은 돈이 필요하다. 반려동물 보유세를 걷어 운영비에 충당하면 동물들이 좀 더 나은 환경에서 지낼 수 있다. 그리고 동물 보호 센터에 머무는 기간을 늘려서 안락사를 막거나 늦추는 것이 가능하게 된다. 그밖에 반려동물 편의 시설 확대, 예방 접종비 지원, 동물 학대 방지 정책 시행 등 세금으로 동물들이 살아가는 환경을 개선할 수 있다.

중심 문장 (　　　　　　　　　　　　　　　　　　　　　　　　　　　　　　).

4 반려동물 보유세 도입이 반려동물과 관련된 여러 문제를 모두 해결하지는 못한다. 하지만 반려동물을 키우는 사람에게 책임감을 일깨워 주고, 동물들의 삶에 필요한 도움을 줄 수 있다. 반려동물을 키우는 것은 한 생명을 오랜 기간 가족처럼 돌보고 끝까지 책임지는 것이다. 사람과 동물이 함께 행복하게 살아갈 수 있도록 반려동물 보유세를 도입하자.

중심 문장 사람과 동물이 함께 행복하게 살아갈 수 있도록 반려동물 보유세를 도입하자.

어휘 뜻

- **유기**: 내다 버림.
- **부과하다**: 세금이나 벌금 등을 매겨서 내게 하다.
- **동물 복지**: 동물이 배고픔이나 질병 등에 시달리지 않고 행복한 상태에서 살아갈 수 있도록 만든 정책이나 시설.
- **충당하다**: 모자라는 것을 채워 메우다.
- **안락사**: 살아날 가망이 없는 환자나 동물의 고통을 덜어 주기 위해 생명을 단축하는 일.

Day 22

1 빈칸에 알맞은 말을 넣어 이 글의 핵심어를 완성하세요.

(　　　　　　　　　　) 보유세

2 이 글의 짜임에 맞게 주요 내용을 정리하세요.

| 주장 | _____. |

근거 1	근거 2
_____.	반려동물 보유세를 동물 복지 향상을 위해 사용할 수 있다.

3 앞에서 정리한 내용을 바탕으로 이 글의 내용을 요약해 쓰세요.

반려동물 보유세를 도입해야 한다. 왜냐하면 _____.

🔺 **독해 정복!**

4 이 글의 제목으로 알맞은 것을 고르세요. (　　　)

① 반려동물 보유세를 반대한다
② 반려동물을 길에 버리지 말자
③ 반려동물 보유세를 도입하자
④ 반려동물 판매를 금지해야 한다

5 이 글에 추가할 수 있는 근거로 알맞지 <u>않은</u> 것을 찾아 ×표 하세요.

(1) 독일 등 여러 나라에서 이미 도입하여 동물 복지에 기여하고 있다. (　　　)
(2) 반려동물의 병원비 부담을 덜어 주는 건강 보험 기금을 마련할 수 있다. (　　　)
(3) 세금이 부담되어 키우던 반려동물을 버리는 사람들이 오히려 늘어날 수 있다. (　　　)

세계의 다양한 모자

1 지구상의 여러 지역에는 열대 기후, 온대 기후, 한대 기후 등 다양한 기후가 나타난다. 기후는 자연환경뿐만 아니라 사람들의 의식주 생활에도 영향을 미친다. 기후에 따라 세계 여러 나라에서는 각기 다른 특징의 모자를 쓴다.

중심 문장 (　　　　　　　)에 따라 세계 여러 나라에서는 각기 다른 특징의 모자를 쓴다.

2 냉대 기후인 러시아에서는 '샤프카'를 쓴다. 샤프카는 동물의 털가죽으로 만들고 귀덮개가 달려 있어서 *보온성이 뛰어나다. 귀덮개는 양쪽 귀를 따뜻하게 덮어 주고 찬 바람을 막아 준다. 모자 윗부분으로 접어 올릴 수도 있다. 러시아는 겨울이 길고 몹시 추우며 눈이 많이 온다. 러시아 사람들에게 샤프카는 *혹독한 추위를 이겨 내며 겨울을 나기 위한 필수품이다.

중심 문장 냉대 기후인 러시아에서는 (　　　　　　　)를 쓴다.

3 *고산 기후인 멕시코에서는 '솜브레로'를 쓴다. 솜브레로는 '그늘을 만들어 주는 것'이라는 뜻으로, 목과 어깨에 그늘을 만들 정도로 *챙이 넓다. 솜브레로의 넓은 챙은 강렬하게 내리쬐는 햇볕을 막아 준다. 농부들이 쓰는 솜브레로는 밀짚이나 나무껍질 등을 엮어 만들고, 고급 제품은 가죽이나 *펠트로 만든다. 모자에 화려한 색의 선을 두르거나 *술을 달아서 장식하기도 한다.

중심 문장 (　　　　　　　　　　　　　　　　　　　　　　　　).

4 베트남에서 쓰는 모자는 '논라'이다. 베트남은 열대와 아열대 기후로 일 년 내내 덥고 비가 많이 온다. 대나무와 야자나무 잎으로 만드는 논라는 위가 뾰족한 원뿔 모양이다. 더울 때는 양산처럼 햇볕을 가려 주고, 비가 올 때는 우산처럼 빗물을 막아 준다. 베트남에서는 오랜 옛날부터 논라를 썼는데 지금도 논라를 쓰고 다니는 베트남 사람들을 쉽게 볼 수 있다.

중심 문장 열대와 아열대 기후인 (　　　　　　　)에서는 논라를 쓴다.

5 사우디아라비아는 낮 기온이 50도 이상까지 치솟는 사막 지역이 많다. 건조 기후인 사우디아라비아에서는 남자들이 '구트라'를 머리에 두른다. 빨간색과 흰색 체크무늬 또는 흰색 천인 구트라를 머리에 둘러쓰고 '이갈'이라는 끈으로 *고정한다. 구트라는 사막의 뜨거운 태양과 모래바람으로부터 머리와 얼굴을 보호한다.

← 이갈
← 구트라

중심 문장 (　　　　　　　)인 사우디아라비아에서는 구트라를 머리에 두른다.

어휘 뜻

*보온성: 주위의 온도에 관계없이 일정한 온도를 유지하는 성질.
*혹독하다: 몹시 심하다.
*고산 기후: 해발 고도가 높은 지역에 나타나는 기후.
*챙: 모자 끝에 대서 햇볕을 가리는 부분.
*펠트: 양털이나 그 밖의 짐승의 털에 습기·열·압력을 가하여 만든 천.
*술: 끈이나 옷 등에 장식으로 다는 여러 가닥의 실.
*고정하다: 한곳에 꼭 붙어 있거나 붙어 있게 하다.

Day 23

1. 이 글의 핵심어를 찾고, 짜임에 맞게 주요 내용을 정리하세요.

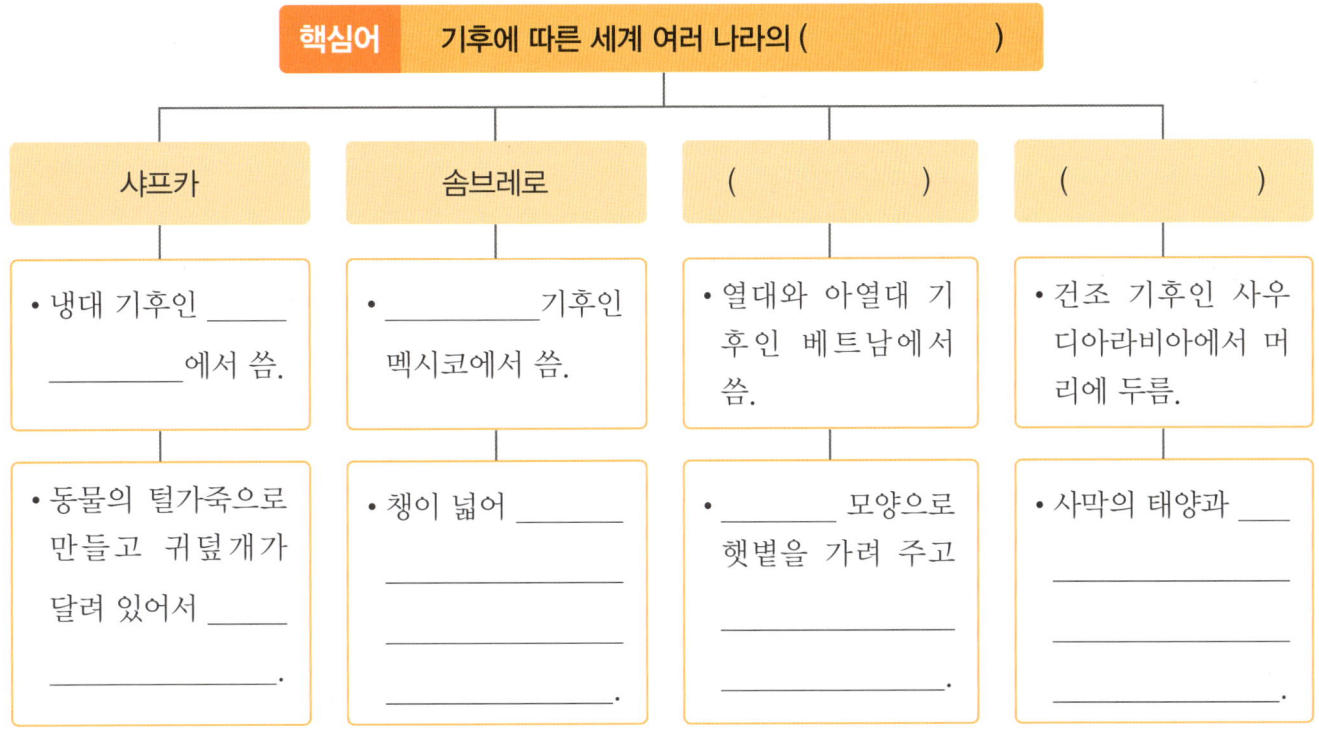

핵심어   기후에 따른 세계 여러 나라의 (   )

- 샤프카
- 솜브레로
- (   )
- (   )

• 냉대 기후인 _____ _____에서 씀.

• _____기후인 멕시코에서 씀.

• 열대와 아열대 기후인 베트남에서 씀.

• 건조 기후인 사우디아라비아에서 머리에 두름.

• 동물의 털가죽으로 만들고 귀덮개가 달려 있어서 _____ _____.

• 챙이 넓어 _____ _____.

• _____ 모양으로 햇볕을 가려 주고 _____.

• 사막의 태양과 _____ _____.

2. 앞에서 정리한 내용을 바탕으로 이 글의 내용을 요약해 쓰세요.

기후에 따라 세계 여러 나라에서 쓰는 모자가 다르다. 냉대 기후인 러시아에서는 샤프카, _____
_____
_____.

 독해 정복!

3. 다음 대상에 대해 설명한 문단을 찾아 문단의 번호를 쓰세요.

(1)
(   )

(2)
(   )

(3)
(   )

19 흑연과 다이아몬드

1 우리가 공부할 때 쓰는 연필의 심은 흑연으로 만듭니다. 이 흑연과 구성 성분이 똑같은 물질이 다이아몬드입니다. 까만 흑연과 투명한 다이아몬드는 매우 달라 보이지만 둘 다 탄소로만 이루어졌다는 공통점이 있습니다. 그럼 둘은 어떤 차이가 있어서 흑연은 연필심이 되고 다이아몬드는 보석이 되는 걸까요?

➕중심 문장 흑연과 다이아몬드는 (   )는 공통점이 있습니다.

2 흑연과 다이아몬드는 탄소*원자의 결합 구조가 다릅니다. 흑연은 모든 탄소 원자가 다른 탄소 원자와 결합해 육각형 모양의 얇은 판 구조를 이룹니다. 육각형의 탄소 원자들끼리는 강하게 결합하지만 판과 판 사이의 탄소 결합은 약합니다. 이에 비해 다이아몬드는 탄소 원자들이 결합해 입체적인 그물 구조를 이룹니다. 탄소 원자들 사이의 결합이 매우 강해 잘 끊어지지 않습니다.

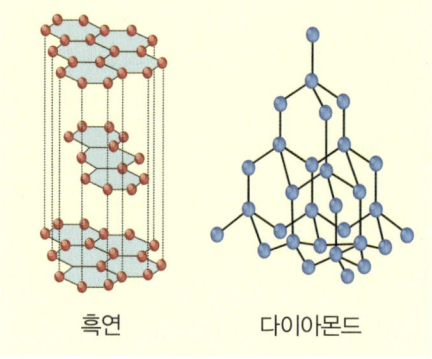

▲ 탄소 원자의 결합 구조

중심 문장 흑연과 다이아몬드는 탄소 원자의 (   )가 다릅니다.

3 흑연과 다이아몬드는 성질과 쓰임새가 다릅니다. 흑연은 판과 판 사이의 결합이 쉽게 깨지기 때문에 부드럽고 무릅니다. 힘을 받으면 쉽게 분해되고 가루로 만들기 쉬워서 연필심과 인쇄 잉크 등에 쓰입니다. 요즘은 전기가 잘 통하는 성질을 이용하여 전기차 배터리의 핵심 소재로 이용됩니다. 반면 다이아몬드는 지구상의 광물 중 가장 단단해서 절삭 기계, 치과용 기구, 보석 세공 공구 등에 사용됩니다. 또 빛이 굴절되는 정도가 높아 빛을 받으면 내부에서 반사되어 반짝입니다. 그래서 여러 면으로 잘 깎은 다이아몬드는 광채가 나지요. 다이아몬드는 '보석의 왕'으로 불리며 목걸이, 귀걸이, 반지 등 장신구에 쓰입니다.

▲ 58면체로 깎아 아름답게 빛나는 다이아몬드

중심 문장 (   ).

4 이처럼 흑연과 다이아몬드는 우리 생활에 유용한 광물입니다. 그런데 땅속에서 채굴하는 천연 다이아몬드는 값이 비싸기 때문에 구성 성분이 같은 흑연을 이용해 인공 다이아몬드를 만들기도 합니다. 흑연에 아주 높은 열과 압력을 가하면 탄소 원자의 결합 구조가 변해 다이아몬드가 됩니다. 이렇게 만들어진 인공 다이아몬드는 공업용으로 쓰입니다.

➕중심 문장 구성 성분이 같은 (   )을 이용해 인공 다이아몬드를 만듭니다.

어휘 뜻

- *원자: 물질을 이루는 기본적 구성단위.
- *무르다: 여리고 단단하지 않다.
- *소재: 어떤 것을 만드는 데 바탕이 되는 재료.
- *절삭: 금속 등을 자르거나 깎음.
- *세공: 잔손을 많이 들여 정밀하게 만듦. 또는 그런 수공.
- *굴절되다: 빛이나 소리 등이 한 물질에서 다른 물질로 들어갈 때 경계면에서 그 진행 방향이 바뀌게 되다.
- *채굴하다: 땅을 파고 땅속에 묻혀 있는 광물 등을 캐내다.

1 빈칸에 알맞은 말을 넣어 이 글의 핵심어를 완성하세요.

( )의 공통점과 차이점

2 이 글의 짜임에 맞게 주요 내용을 정리하세요.

		( )	( )
공통점		•_____.	
차이점	탄소 원자의 결합 구조	• 육각형 모양의 얇은 판 구조임. • 육각형의 탄소 원자들끼리는 강하게 결합하지만, _____.	•_____. • 탄소 원자들 사이의 결합이 매우 강함.
	성질	•_____. • 전기가 잘 통함.	•_____. • 빛이 굴절되는 정도가 높음.
	쓰임새	•_____, 전기차 배터리의 핵심 소재	• 절삭 기계, 치과용 기구, 보석 세공 공구, _____

3 앞에서 정리한 내용을 바탕으로 이 글의 내용을 요약해 쓰세요.

> 흑연과 다이아몬드의 공통점은 _____은/는 점입니다.
> _____.

 독해 정복!

4 이 글의 내용을 바르게 이해하지 <u>못한</u> 친구를 모두 고르세요. (,)

① 윤재: 흑연의 무른 성질 때문에 연필심이 잘 부러지는 거구나.
② 단우: 다이아몬드는 탄소 원자들 사이의 결합이 약해서 아름답게 빛이 나.
③ 가연: 흑연과 다이아몬드는 구성 성분이 똑같고 탄소 원자의 결합 구조도 같아.
④ 민교: 치과용 기구에 사용되어 치아의 충치 부분을 깎아 낼 만큼 다이아몬드는 단단해.

과학 20

씨야, 멀리멀리 퍼져라

1 식물은 씨를 퍼뜨려 대를 이어 간다. 씨가 멀리 퍼져 나가야 자손을 많이 남길 수 있다. 어미 식물 바로 아래 씨가 떨어지면 그늘이 져서 제대로 자라지 못한다. 또 씨들이 한꺼번에 같은 곳에 떨어져 싹이 트면 자라는 데 필요한 양분이나 물이 부족할 수 있다. 따라서 경쟁을 피해 되도록 먼 곳에 떨어져야 생존에 유리하다. 식물은 종류가 다양한 만큼 씨가 퍼지는 방법도 여러 가지이다.

[중심 문장] 식물의 (　　　　　　　　　　)은 여러 가지이다.

2 스스로 이동할 수 없는 식물은 동물에게 먹혀서 씨를 퍼뜨린다. 씨는 껍질이 딱딱해서 잘 소화되지 않는다. 그래서 새나 짐승이 열매를 먹으면 똥과 함께 씨가 그대로 나온다. 그리고 그 자리가 물과 햇빛, 양분이 충분하면 싹을 틔운다. 이렇게 씨를 퍼뜨리는 식물에는 참외, 산딸기, 산수유, 머루 등이 있다. 동물이 먹기 좋게 열매에 맛있는 과육이 있는 식물들이다.

[중심 문장] (　　　　　　　　　　　　　　　　　　　　　　　).

3 동물의 몸에 붙어서 씨가 퍼지는 식물도 있다. 도꼬마리 열매는 고리처럼 휜 가시가 촘촘히 나 있어 동물 털에 잘 달라붙는다. 도깨비바늘, 우엉, 가막사리도 열매나 씨에 갈고리나 가시, 털 등이 달려 있다. 동물이 이런 씨나 열매를 몸에 붙이고 여기저기 다니다 떨어뜨리면 식물의 씨는 원래 살던 곳에서 떨어진 장소에 자리를 잡고 자라게 된다.

▲ 도꼬마리 열매

[중심 문장] (　　　　　　　　)에 붙어서 씨가 퍼지는 식물도 있다.

4 식물의 씨가 바람에 날려서 퍼지기도 한다. 단풍나무 열매는 프로펠러처럼 생겨서 바람에 빙글빙글 돌며 날아간다. 열매와 함께 안에 있는 씨도 멀리 퍼진다. 솔방울 안에 있는 날개 달린 소나무씨, 먼지처럼 아주 작은 난초씨, 갓털이 있는 민들레씨도 바람을 타고 멀리까지 이동한다.

▲ 바람에 날려 퍼지는 민들레씨

[중심 문장] 식물의 씨가 (　　　　　)에 날려서 퍼지기도 한다.

5 동물이나 바람의 도움 없이 스스로 씨를 퍼뜨리는 식물도 있다. 주로 열매인 꼬투리가 터지면서 씨가 퍼진다. 봉숭아의 열매는 익으면 껍질이 저절로 터지면서 씨가 멀리 튀어 간다. 제비꽃과 괭이밥, 콩도 꼬투리에서 씨가 터져 나온다.

[중심 문장] 스스로 씨를 퍼뜨리는 식물도 있는데, 주로 (　　　　　　　　　　) 씨가 퍼진다.

어휘 뜻

* **과육:** 열매에서 씨와 껍질을 제외한 살 부분. 당분과 수분이 많아 동물의 먹이가 됨.
* **갓털:** 씨방의 맨 끝에 붙은 솜털 같은 것.
* **꼬투리:** 주로 콩과 식물에 달리는 열매. 씨앗을 껍질로 싸고 있음.

1 이 글의 핵심어를 찾고, 짜임에 맞게 주요 내용을 정리하세요.

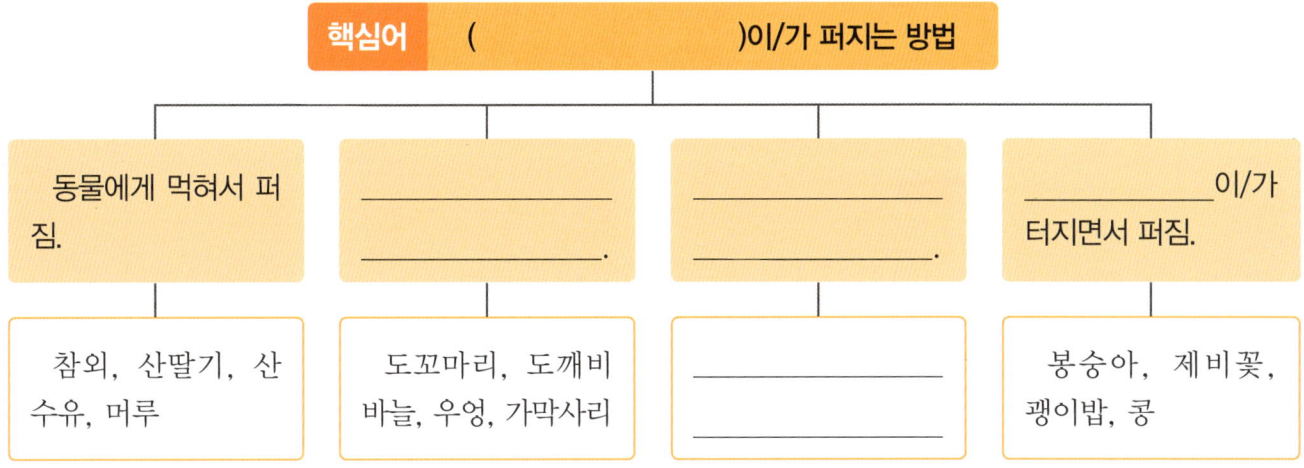

2 앞에서 정리한 내용을 바탕으로 이 글의 내용을 요약해 쓰세요.

식물의 씨가 퍼지는 방법은 여러 가지이다. _____
_____.

 독해 정복!

3 다음 중 씨가 퍼지는 방법이 같은 식물을 모두 고르세요. (,   )

① 난초　　　　② 머루　　　　③ 우엉　　　　④ 민들레

4 이 글을 바르게 이해하고 말한 친구의 이름을 쓰세요.

경민: 수박을 먹다가 씨를 삼키면 배 속에서 싹을 틔울 수 있으니 조심해야겠어.
예하: 식물은 스스로 못 움직이니까 동물을 이용해 씨를 멀리 퍼뜨리기도 하는구나.
영원: 아기가 엄마 젖을 먹고 자라듯 식물의 씨도 양분이 충분한 어미 식물 곁에서 잘 자라네.

(   )

21 일기 예보는 어떻게 만들어질까?

1 내일 날씨가 맑을지 비가 올지를 알기 위해 일기 예보를 확인해 본 경험이 누구나 있을 것이다. 날씨가 일상생활에 큰 영향을 끼치는 만큼 일기 예보는 사람들에게 중요한 정보이다. 그럼 우리가 날마다 일기 예보를 접하게 되기까지 어떤 과정을 거칠까? 일기 예보는 다음과 같이 여러 단계를 거쳐 만들어진다.

+중심 문장 (　　　　　　　　)는 여러 단계를 거쳐 만들어진다.

2 앞으로의 날씨를 예측하려면 현재의 날씨를 알아야 한다. 따라서 일기 예보를 만드는 첫 단계는 여러 가지 관측기구를 이용하여 *기상을 *관측하는 것이다. 전국 각지에 있는 기상 관측소에서는 시간마다 기온, 기압, 습도, 풍향, 풍속 등을 측정하여 그 관측값을 기상청으로 보낸다. 기상 레이더, 기상 위성 등으로도 육지, 바다, 하늘의 기상 상태를 관측한다.

+중심 문장 (　　　　　　　　　　　　　　　　　　　　　　　).

3 그다음은 관측 자료를 모아 분석하고 예상 *일기도를 만드는 단계이다. 기상청에서는 기상 관측소, 기상 위성 등에서 보낸 자료들을 수집하는데 이때 다른 나라의 관측 자료도 함께 모은다. 우리나라의 날씨를 예측하고 넓은 지역의 일기도를 만들려면 다른 지역의 날씨 정보도 알아야 하기 때문이다. 이를 위해 전 세계는 기상 관측 자료를 교환하고 공유한다. 이렇게 수집된 엄청난 양의 자료를 슈퍼컴퓨터가 처리, 분석하여 예상 일기도를 만든다.

+중심 문장 (　　　　　　　　　　　　　　　　　　　　　　　).

4 다음 단계에서는 *예보관들이 자료를 종합하고 분석해 일기 예보를 만든다. 정확한 일기 예보를 하기 위해 기상청의 예보관들이 모여 현재의 날씨, 지역의 특성, 슈퍼컴퓨터가 만든 자료 등을 종합해 분석한다. 그리고 언제 어느 곳에서 어떤 날씨가 예상되는지 예보할 내용을 정한다. 이렇게 최종적으로 만들어진 일기 예보는 텔레비전, 인터넷, 라디오, 신문 등 여러 매체를 통해 사람들에게 전달된다.

+중심 문장 (　　　　　　)이 자료를 종합하고 분석해 일기 예보를 만든다.

5 *변화무쌍한 날씨를 예측하는 일은 쉽지 않기 때문에 일기 예보를 만드는 과정에는 많은 노력과 시간이 들어간다. 요즘은 *기상 이변이 나타나고 있어서 정확한 날씨 예측이 더욱 어려워졌다. 기상 과학자들은 첨단 기상 관측 장비를 개발하고 여러 기상 자료들을 과학적으로 분석하여 일기 예보의 정확성을 높이기 위해 노력하고 있다.

+중심 문장 기상 과학자들은 일기 예보의 (　　　　　　)을 높이기 위해 노력하고 있다.

어휘 뜻

*기상: 바람, 비, 구름, 눈 등 대기 중에서 일어나는 현상.

*관측하다: 눈이나 기계로 자연 현상을 관찰하여 측정하다.

*일기도: 어떤 지역의 일정한 시각이나 시간대의 기온, 기압, 풍향, 풍속 등을 측정해 나타낸 그림.

*예보관: 기상 상태를 예측하여 미리 알리는 일을 전문으로 하는 사람.

*변화무쌍하다: 변하는 정도가 비할 데 없이 심하다.

*기상 이변: 보통 지난 30년간의 기상과 아주 다른 기상 현상.

1. 이 글의 핵심어를 찾고, 짜임에 맞게 주요 내용을 정리하세요.

2. 앞에서 정리한 내용을 바탕으로 이 글의 내용을 요약해 쓰세요.

 독해 정복!

3. 일기 예보가 만들어지는 과정에 맞게 순서대로 기호를 쓰세요.

㉮ 기상 관측하기   ㉯ 일기 예보 내용 정하기
㉰ 관측 자료 수집하기   ㉱ 자료 종합하고 분석하기

( ) → ( ) → ( ) → ( )

4. 이 글의 내용으로 알맞으면 ○표, 알맞지 않으면 ×표 하세요.

(1) 예보관들은 수집된 관측 자료로 예상 일기도를 만든다. ( )
(2) 슈퍼컴퓨터는 기상 이변으로 변화무쌍해진 날씨도 정확하게 예측한다. ( )
(3) 전국 각지에 있는 기상 관측소에서 기상을 관측하여 그 값을 기상청에 보낸다. ( )

22

풍자와 해학

1 조선 시대에 백성들은 소설이나 판소리, 탈춤 속에서 나쁜 양반과 관리들을 비꼬았습니다. 이런 작품들을 보고 풍자와 해학이 있다고 합니다. '풍자'는 사회의 부정적 현상이나 인간의 결점, 모순 등을 빗대어 비웃는 것입니다. '해학'은 세상일이나 인간의 결점에 대한 익살스럽고 우스꽝스러운 말과 행동을 말합니다. 뜻을 통해서도 알 수 있듯 풍자와 해학의 공통점은 대상이나 현실을 과장하거나 희화화하여 웃음을 불러일으킨다는 것입니다. 하지만 좀 더 자세히 살펴보면 풍자와 해학에는 차이점이 있습니다.

중심 문장 풍자와 해학은 ( )는 공통점이 있지만 차이점도 있습니다.

2 풍자는 대상에 대한 비판을 목적으로 합니다. 대상의 결점을 비판적으로 꼬집기 때문에 웃음에 조롱이 담겨 있습니다. 작품 속에서 예를 들어 볼까요? 「양반전」은 조선 사회와 양반을 풍자하는 소설입니다. 이 작품에서는 한 양반이 관아에서 꾸어 먹은 곡식을 갚을 길이 없어 평민 부자에게 양반 신분을 파는 상황이 우스꽝스럽게 그려집니다. 이를 통해 무능한 양반의 모습을 폭로하고, 신분을 사고팔 정도로 엉망이 된 사회를 비판한 것입니다.

중심 문장 대상에 대한 ( )이 목적인 풍자는 웃음에 조롱이 담겨 있습니다.

3 이와 달리 해학은 웃음 자체를 목적으로 합니다. 대상의 결점을 비판하기보다 감싸기 때문에 해학의 웃음은 대상에 대한 연민과 호감을 일어나게 합니다. 판소리 「흥부가」에는 부자가 된 흥부가 밥을 먹는 대목이 해학적으로 표현되었습니다. 흥부는 밥을 똘똘 뭉친 다음 던져서 받아 먹는 행동을 반복하다가, 밥이 목구멍까지 차 목이 막혀 쓰러집니다. 밥 먹다 죽겠다고 걱정하는 흥부 아내와, 아직도 쌀이 석 섬이나 더 있다고 행복해하는 흥부의 모습이 웃음을 자아냅니다. 흥부의 모자람과 엉뚱함이 익살스러우면서도 왠지 짠하지만 비판의 대상으로는 느껴지지 않습니다.

중심 문장 ( ).

4 이렇듯 풍자와 해학이 불러일으키는 웃음의 의미는 다릅니다. 그러나 둘 다 사람들에게 재미를 줍니다. 풍자와 해학은 한 작품 속에 함께 나오는 경우도 많아서 부당한 현실을 일깨우고, 웃음을 통해 사람들이 삶의 고달픔을 이겨 낼 수 있게 합니다.

중심 문장 ( ).

어휘 뜻

* **결점**: 잘못되거나 부족하여 완전하지 못한 점.
* **모순**: 어떤 사실의 앞뒤, 또는 두 사실이 이치상 어긋나서 서로 맞지 않음을 이르는 말.
* **희화화하다**: 어떤 인물의 외모나 성격, 또는 사건을 의도적으로 우스꽝스럽게 묘사하다.
* **조롱**: 비웃거나 깔보면서 놀림.
* **폭로하다**: 알려지지 않았거나 숨겨져 있던 사실을 드러내어 사람들에게 알리다.
* **연민**: 불쌍하고 가련하게 여김.

1 이 글의 핵심어를 쓰세요.

( )

2 이 글의 짜임에 맞게 주요 내용을 정리하세요.

	풍자	해학
공통점	• _____ • _____	
차이점	• _____ • _____	• _____ • _____

3 앞에서 정리한 내용을 바탕으로 이 글의 내용을 요약해 쓰세요.

_____
_____
_____
_____

▲ 독해 정복!

4 다음은 풍자와 해학 중 무엇에 대한 설명인지 알맞은 것을 찾아 ○표 하세요. 공통적인 설명이면 풍자와 해학에 모두 ○표 하세요.

(1) 웃음을 불러일으키고 재미를 준다. (풍자 , 해학)
(2) 작품 속 인물을 우스꽝스럽게 그려 조롱한다. (풍자 , 해학)
(3) 희화화한 대상에게 연민과 호감을 느끼게 한다. (풍자 , 해학)

5 작품 속에서 비판의 대상이 되는 인물에게 ○표 하세요.

(「양반전」의 양반 , 「흥부가」의 흥부)

23 전쟁을 멈추자

1 지금 이 시각에도 지구촌 곳곳에서 전쟁이 벌어지고 있다. 민족 갈등, 종교 갈등, 영토 분쟁 등 전쟁이 일어나는 원인은 다양하다. 전쟁을 일으키는 쪽에서는 땅을 되찾기 위해, 자원을 차지하기 위해, 나라의 정치 혼란을 잠재우기 위해 전쟁을 한다는 명분을 내세운다. 하지만 전쟁의 원인과 명분이 무엇이든 전쟁의 결과는 참혹하다. 지구상에서 벌어지고 있는 모든 전쟁을 멈추어야 한다.

중심 문장 ( ).

2 무엇보다 전쟁이 나면 수많은 사람이 죽거나 다친다. 전쟁은 총과 폭탄, 탱크 등 무기가 동원되는 무력 충돌이다. 이 과정에서 직접 무기를 들고 싸우는 군인뿐만 아니라 민간인도 죽는다. 1950년에 일어난 한국 전쟁은 남한에서만 백만 명이 넘는 사상자를 냈다. 또 전 세계 여러 나라가 참전한 제2차 세계 대전의 인명 피해는 수천만 명에 이른다. 그 밖에 크고 작은 전쟁에서 수없이 많은 소중한 생명이 목숨을 잃었다.

중심 문장 무엇보다 전쟁이 나면 ( ).

3 전쟁은 삶의 터전과 일상을 파괴한다. 전쟁 중에는 학교에 갈 수 없고, 가게도 모두 문을 닫는다. 폭격으로 집과 건물이 무너지고, 물과 전기가 끊기기도 한다. 사람들은 두려움 속에서 하루하루를 어렵게 살아가야 한다. 전쟁이 끝나도 힘겨운 삶은 금세 끝나지 않는다. 삶의 터전을 복구하고 일상으로 돌아가기까지는 오랜 시간이 걸리기 때문이다.

▲ 전쟁 중 폭격을 받은 건물

중심 문장 ( ).

4 전쟁으로 많은 난민이 생긴다. 아프리카와 중동 지역에서는 계속되는 전쟁을 피해 많은 사람이 다른 나라로 이주한다. 시리아에서는 독재 정치와 종교 문제 등으로 내전이 수년간 이어져, 생존을 위해 탈출하는 사람이 전체 인구의 절반을 넘었다. 시리아 난민들이 배를 타고 유럽으로 향하다가 바다에서 배가 뒤집히는 사고도 잇따르고 있다. 이처럼 전쟁 때문에 목숨을 걸고 자기 나라를 떠나는 난민들이 전 세계적으로 늘어나고 있다.

중심 문장 전쟁으로 많은 ( )이 생긴다.

5 전쟁에는 승자가 없다. 전쟁에서 이긴 쪽도 진 쪽도 크나큰 희생을 치른다. 전쟁의 비극을 되풀이하지 말고 전쟁을 멈추자. 고통받는 사람들에게 평화로운 일상을 돌려주자.

중심 문장 ( )을 되풀이하지 말고 전쟁을 멈추자.

어휘 뜻

- *자원: 광물, 수산물 등과 같이 사람이 생활하거나 경제적인 생산을 하는 데 이용되는 원료.
- *명분: 일을 꾀할 때 내세우는 구실이나 이유.
- *참혹하다: 비참하고 끔찍하다.
- *무력: 군사적인 힘.
- *사상자: 죽은 사람과 다친 사람.
- *내전: 한 나라 안에서 일어나는 싸움.

Day 28

1 이 글의 핵심어를 쓰세요.

(　　　　　　)

2 이 글의 짜임에 맞게 주요 내용을 정리하세요.

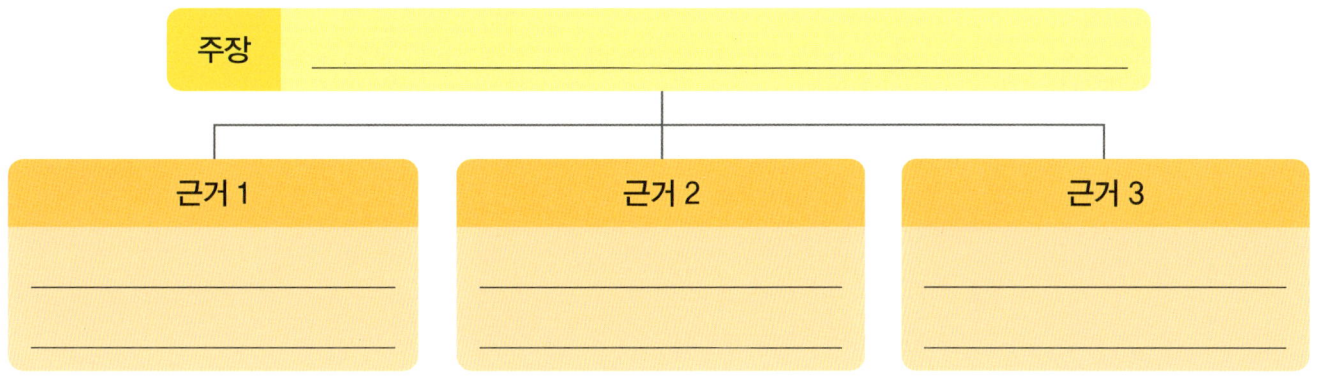

| 주장 | _____ |

근거 1	근거 2	근거 3
_____	_____	_____

3 앞에서 정리한 내용을 바탕으로 이 글의 내용을 요약해 쓰세요.

_____
_____
_____

 독해 정복!

4 글쓴이의 주장과 같은 주장을 모두 고르세요. (　　,　　)

① 전쟁을 반대한다.　　　　　　② 난민을 받아들여야 한다.
③ 전쟁을 즉각 중단해야 한다.　　④ 힘이 있어야 평화를 지킬 수 있다.

5 이 글의 내용을 잘못 파악한 친구를 찾아 ×표 하세요.

(1) 민주: 전쟁에서 죽거나 다친 사람이 엄청 많아서 마음이 아파. (　　)
(2) 성민: 전쟁 중인 자기 나라로 돌아가는 난민들의 애국심이 대단해. (　　)
(3) 솔아: 전쟁이 삶의 터전을 파괴하면 무척 무섭고 절망적일 것 같아. (　　)

위험한 가짜 뉴스

1 가짜 뉴스 문제가 심각하다. 가짜 뉴스란 의도적으로 사람들을 속이려고 뉴스 형식으로 만들어 퍼뜨리는 거짓 정보를 말한다. 몇 년 전 감염병이 유행했을 때 "정부에서 감염병 진단 결과를 조작한다.", "백신에 몸에 해로운 성분이 들어 있다."와 같은 갖가지 가짜 뉴스 때문에 많은 사람이 불안해했다. 외국에서는 한 후보를 비방하는 가짜 뉴스가 퍼져 선거에 영향을 미치기도 했다. 최근에는 인공 지능 기술로 사진이나 영상을 조작하여 사람들이 쉽게 가짜 뉴스를 진실로 받아들이게 한다. 가짜 뉴스는 진실을 왜곡하여 사회 혼란과 불신을 확산시킨다. 이처럼 심각한 가짜 뉴스 문제의 해결책을 강력하게 마련해야 한다.

중심 문장 사회 혼란과 불신을 확산시키는 ( )을 마련해야 한다.

2 가짜 뉴스 문제 해결을 위해 정부는 가짜 뉴스를 법으로 규제해야 한다. 독일에는 사회 관계망 서비스(SNS)에 올라온 허위 정보와 혐오 발언 등을 삭제하게 하는 법이 있다. 프랑스에서도 선거 전 세 달 동안은 법원이 허위 정보의 게시 중단을 명령할 수 있다. 그동안 가짜 뉴스에 대한 법적 규제는 표현의 자유를 침해한다는 논란이 있어 왔다. 하지만 가짜 뉴스로 인한 개인적, 사회적 피해가 크기 때문에 이제는 법적 규제가 필요하다.

중심 문장 ( ).

3 기업도 가짜 뉴스의 확산을 막기 위한 노력을 해야 한다. 오늘날 전 세계 사람들은 사회 관계망 서비스나 블로그 등 소셜 미디어로 연결되어 있다. 가짜 뉴스는 소셜 미디어를 통해 빠르게 퍼진다. 따라서 소셜 미디어를 운영하는 기업은 가짜 뉴스 문제를 강 건너 불 보듯 해서는 안 된다. 가짜 뉴스를 감시하고 차단할 방법을 찾는 등 기업의 사회적 책임을 다해야 한다.

중심 문장 ( ).

4 학생과 시민들에게 뉴스 리터러시 교육을 해야 한다. 뉴스 리터러시는 뉴스를 이해하고 분별할 수 있는 능력을 말한다. 날마다 텔레비전, 신문, 인터넷 등 각종 미디어에서 뉴스가 쏟아진다. 뉴스 리터러시 교육을 통해 수많은 뉴스 중에 섞여 있는 가짜 뉴스를 가려내고, 가짜 뉴스에 대한 경각심을 높일 수 있다.

중심 문장 ( ).

5 가짜 뉴스는 유언비어를 넘어 범죄로 이어질 정도로 심각한 사회 문제가 되었다. 정부와 기업, 시민들이 협력하여 위험한 가짜 뉴스에 대응해야 한다.

중심 문장 정부와 기업, 시민들이 협력하여 ( )에 대응해야 한다.

어휘 뜻

*비방하다: 남을 비웃고 헐뜯어서 말하다.

*왜곡하다: 사실과 다르게 해석하거나 그릇되게 하다.

*불신: 믿지 않음. 또는 믿지 못함.

*규제하다: 규칙이나 규정에 의하여 일정한 한도를 정하거나 정한 한도를 넘지 못하게 막다.

*분별하다: 세상일에 대한 바른 생각이나 판단을 하다.

*경각심: 정신을 차리고 주의 깊게 살피어 경계하는 마음.

Day 29

1 이 글의 핵심어를 쓰세요.

(   )

2 이 글의 짜임에 맞게 주요 내용을 정리하세요.

| 문제점 | _____ |

해결 방안 1	해결 방안 2	해결 방안 3
_____	_____	_____
_____	_____	_____
_____	_____	_____

3 앞에서 정리한 내용을 바탕으로 이 글의 내용을 요약해 쓰세요.

_____
_____
_____

독해 정복!

4 글쓴이의 주장으로 알맞은 것을 찾아 ○표 하세요.

(1) 가짜 뉴스를 퍼뜨리는 사람을 강력하게 처벌해야 한다. (   )

(2) 가짜 뉴스 문제는 심각한 사회 문제이므로 해결책을 마련해야 한다. (   )

(3) 인공 지능 기술을 가짜 뉴스 문제의 해결에 적극적으로 도입해야 한다. (   )

5 다음 중 가짜 뉴스의 문제점과 관련 있는 말이 아닌 것을 고르세요. (   )

① 진실 왜곡   ② 사회 혼란   ③ 불신 확산   ④ 표현의 자유

사회 25

우리가 나라의 주인이에요

1 "대한민국은 민주 공화국이다. 대한민국의 주권은 국민에게 있고, 모든 권력은 국민으로부터 나온다." 이것은 우리나라의 헌법 제1조 1항과 2항입니다. 민주주의가 무엇이기에 헌법에서 가장 먼저 우리나라가 민주주의 국가임을 밝힌 것일까요? 민주주의의 의미와 기본 정신에 대해 알아봅시다.

중심 문장 ( ).

2 민주주의란 모든 국민이 나라의 주인으로서 권리를 갖고, 그 권리를 자유롭고 평등하게 *행사하는 정치 형태를 의미합니다. 옛날 왕이 나라를 다스리던 때에는 왕이 자기 뜻대로 나랏일을 결정할 수 있었습니다. 왕위도 가족에게 *세습되었지요. 하지만 오늘날 민주주의 국가에서는 국민이 정치에 참여하고 나랏일에 대해 누구나 자유롭게 비판할 수 있습니다. 지도자도 선거를 통해 국민이 뽑습니다. 미국의 링컨 대통령은 연설에서 '국민의, 국민에 의한, 국민을 위한 정치'라는 표현을 했는데, 이 말에 민주주의의 의미가 잘 담겨 있습니다.

중심 문장 민주주의는 ( )으로서 권리를 갖고, 그 권리를 자유롭고 평등하게 행사하는 정치 형태를 의미합니다.

3 오늘날 민주주의의 의미는 정치 형태에서 *생활 양식으로 확대되었습니다. 공동의 문제에 대해 많은 사람의 의견을 듣고 그에 따라 결정하는 방식이나, 생활 속에서 대화와 타협으로 문제를 해결하려는 태도도 민주주의라 할 수 있습니다. 또한 생각의 다양성과 표현의 자유를 인정하는 것도 민주주의에 포함됩니다. 이러한 행동 양식과 태도는 민주주의가 *정착하기 전까지 당연한 것이 아니었습니다. 예전 *권위주의 사회에서는 나이가 많거나 지위가 높으면 다른 사람을 자신에게 순종하게 하였습니다. 그리고 모든 사람이 똑같이 존중받지 못했습니다.

중심 문장 ( ).

4 그럼, 민주주의의 기본 정신은 무엇일까요? 바로 인간의 존엄성, 자유, 평등입니다. 인간의 존엄성은 모든 사람은 태어날 때부터 인간으로서 가치가 있으며 존중받아야 함을 뜻합니다. 자유는 자신의 생각대로 결정하고 행동하는 것입니다. 단, 다른 사람의 자유를 부당하게 침해해서는 안 됩니다. 평등은 피부색, 종교, 지역, 소득 등에 따라 사람을 차별해서는 안 되며 모든 사람이 동등한 대우를 받는 것입니다. 민주주의는 인간의 존엄성을 실현하는 것을 목표로 합니다. 그리고 이를 위해서는 개인의 자유와 평등을 보장해야 합니다.

중심 문장 ( ).

어휘 뜻

*행사하다: 권리의 내용을 실현하다.

*세습되다: 재산이나 신분, 직업 등이 대를 이어 물려지고 물려받게 되다.

*생활 양식: 사회나 집단이 공통적으로 갖고 있는 생활에 대한 인식이나 생활하는 방식.

*정착하다: 새로운 문화 현상, 학설 등이 당연한 것으로 사회에 받아들여지다.

*권위주의: 남을 인정하지 않고 자신이 가진 능력이나 지위, 자격을 내세워 순종을 강요하는 태도.

1 이 글의 핵심어를 찾고, 짜임에 맞게 주요 내용을 정리하세요.

핵심어 (　　　　　　　　)

의미
- ＿＿＿＿＿＿＿＿＿＿＿＿＿＿＿＿
- ＿＿＿＿＿＿＿＿＿＿＿＿＿＿＿＿

기본 정신
- (　　　　): ＿＿＿＿＿＿＿＿
- (　　　　): ＿＿＿＿＿＿＿＿
- (　　　　): ＿＿＿＿＿＿＿＿

2 앞에서 정리한 내용을 바탕으로 이 글의 내용을 요약해 쓰세요.

 독해 정복!

3 이 글을 읽고 알 수 있는 것은 무엇인지 알맞은 말을 찾아 ○표 하세요.

• 민주주의의 (가치 , 의미)와 (기본 정신 , 발전 과정)

4 다음 중 민주주의에 대한 경험을 <u>잘못</u> 말한 친구를 찾아 ×표 하세요.

(1) 신비: 부모님께서 대통령을 뽑는 투표를 하시는 걸 봤어. (　　　)
(2) 현아: 학급 회의에서 다수결에 따라 실천 사항을 결정했어. (　　　)
(3) 준호: 우리 집에선 내 의견은 듣지도 않고 할아버지 의견대로 할 때가 있어. (　　　)

이미지 출처

18쪽 종로구청 사전 투표소 기표소 전경
대한민국역사박물관 소장

19쪽 청산리 대첩 승리 기념 촬영
본 저작물은 공공누리 제1유형에 따라 한국학중앙연구원(www.aks.ac.kr)의 공공저작물을 이용하였습니다.

25쪽 6.25 전쟁 사진
본 저작물은 공공누리 제1유형에 따라 전쟁기념관(www.warmemo.or.kr)의 공공저작물을 이용하였습니다.

31쪽 핸드폰 보관함
쇼핑몰 나라라팜 제공

34쪽 투명 방음벽에 설치한 버드 세이버
본 저작물은 공공누리 제4유형에 따라 대전광역시(www.daejeon.go.kr)의 공공저작물을 이용하였습니다.

그 외의 이미지는 셔터스톡 코리아에 사용료를 지불하고 실었습니다.

일러두기

* 맞춤법과 띄어쓰기는 국립국어원의 표준국어대사전을 기준으로 삼되, 초등학교 교과서의 표기를 참고했습니다.
* 외국의 인명과 지명은 국립국어원의 외래어 표기법을 기준으로 삼되, 이미 굳어진 외래어는 관용적인 표기를 따랐습니다.

요약독해의 힘

정답 및 해설

4권

기본

Day 01 12~17쪽

12~13쪽

❶ 남생이 ❷ 볼록 렌즈 ❸ 도구 ❹ 미생물 ❺ 영향 ❻ 전개

14~15쪽

1 1 ③ 2 ② 3 ①

2 1 땅밀림 2 번아웃 증후군 3 별자리를 이용하여 북극성을 찾는 방법

도움말 1 땅밀림이 어떤 현상이고 어떤 위험성이 있는지 설명하고 있으므로 이 글의 핵심어는 '땅밀림'입니다.

2 번아웃 증후군이 무엇인지 설명하고 있으므로 이 글의 핵심어는 '번아웃 증후군'입니다.

3 별자리를 이용하여 북극성을 찾는 두 가지 방법에 대해서 설명하고 있으므로 이 글의 핵심어는 '별자리를 이용하여 북극성을 찾는 방법'입니다.

16~17쪽

3 1 ① 2 ③ 3 ②

도움말 2 다슬기를 녹여 먹는 반딧불이, 달팽이를 잡아먹는 반딧불이에 대해서 이야기하고 있으므로 이 글의 핵심어로 '반딧불이의 먹이'를 고를 수 있습니다.

3 어떤 소나무가 명품 소나무인지 그 조건에 대해서 설명하고 있으므로 이 글의 핵심어는 '명품 소나무의 조건'입니다.

4 1 키오스크 2 ⑩ 유래 3 과정

도움말 1 디지털 소외 계층은 키오스크를 이용하기 힘들다는 문제점에 대해서 주로 설명하고 있으므로 '키오스크의 문제점'이 이 글의 핵심어입니다.

2 이 글은 '아수라장'이라는 말이 어떻게 생기게 되었는지 설명하는 글입니다. '유래'라는 말이 글 안에 나오지는 않지만 글쓴이가 무엇에 대해 이야기하고 있는지 생각하면서 '아수라장의 유래'로 핵심어를 재구성합니다. '아수라장의 어원'으로 핵심어를 재구성할 수도 있습니다.

Day 02 18~23쪽

18~19쪽

❶ 민주 정치의 기본 원리 중 두 가지를 알아보자 ❷ 민주 정치의 첫 번째 기본 원리는 국민 주권의 원리이다 ❸ 두 번째 기본 원리는 권력 분립의 원리이다 ❹ 자연에서 얻은 재료 ❺ 국외

20~21쪽

1 1 ㉠ 2 ㉠ 3 ㉡

2 1 매몰 비용은 이미 지출하여 회수할 수 없는 비용을 말한다. 2 문화 사대주의란 다른 사회의 문화를 우수한 것으로 여기고, 자기 나라의 문화를 낮게 보는 태도를 가리킨다. 3 가계와 기업은 서로 밀접한 관계를 맺으며 경제 활동을 한다. 4 우리는 오염된 공기를 정화하기 위해 숲을 가꾸어야 한다.

22~23쪽

3 1 ① 2 ② 3 ②

도움말 1 이 글은 생태 복원 전문가가 하는 일에 대해 설명하고 있습니다. 그래서 ①이 중심 내용입니다.

3 이 글은 다른 나라와의 경제 교류로 우리 생활에 생긴 변화에 대해 설명하고 있습니다.

4 1 ⑩ 과일, 유제품 2 ⑩ 지구의 공전 3 ⑩ 인물을 그리는 방식

도움말 1 이 글은 성장기 어린이들의 건강에 도움이 되는 간식이 무엇인지 설명하고 있습니다. 사과, 포도, 수박 등은 과일의 예이고, 우유, 치즈는 유제품의 예입니다. 예를 삭제하여 중심 내용을 정리합니다.

2 이 글은 계절에 따라 보이는 별자리가 다른 까닭을 설명하고 있습니다.

3 첫 번째 문장을 보면 이 글이 어떤 내용을 말하려고 하는지 알 수 있습니다. 이 글은 동양과 서양의 인물화에서 인물을 그리는 방식이 어떻게 다른지 설명하고 있습니다. 그래서 중심 내용을 정리하면 '동양과 서양의 인물화는 인물을 그리는 방식이 다르다'입니다.

Day 03   24~29쪽

24~25쪽

❶ 종류 ❷ 예 현재는 활동하지 않는 화산 ❸ 할레아칼라산 ❹ 한국 전쟁 ❺ 낙동강 이남 ❻ 압록강 ❼ 정전 협정

26~27쪽

1
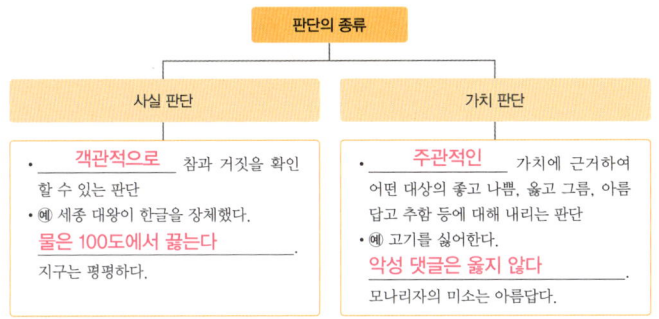

도움말 이 글은 나열 짜임의 글입니다. 먼저 핵심어와 중심 문장을 찾고, 뒷받침 문장에서 예시를 찾아 정리합니다.

2

28~29쪽

3
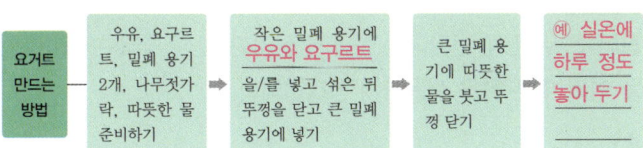

4
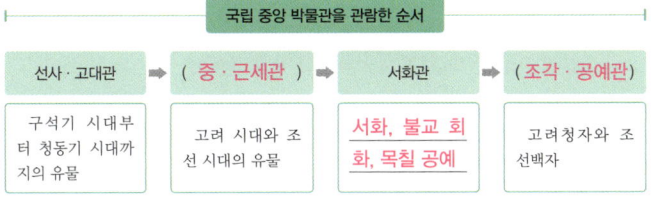

5
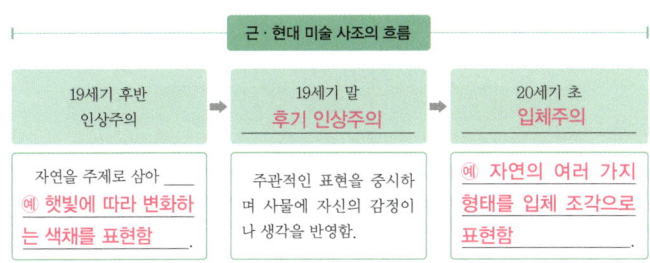

도움말 이 글은 순서 짜임의 글입니다. 시간 순서를 나타내는 말에 주의하며 글을 차례대로 정리합니다.

Day 04   30~35쪽

30~31쪽

❶ 예 소설과 희곡 ❷ 서술자 ❸ 등장인물 ❹ 대사와 행동 ❺ 등장인물 ❻ 핸드폰 ❼ 핸드폰 보관 장소

32~33쪽

1
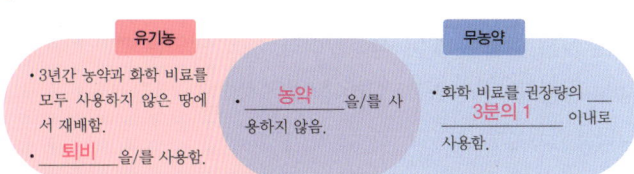

2

	편견	선입견
공통점	예 개인이 갖는 주관적인 생각	
차이점 뜻	어느 한쪽으로 치우친 생각	고정적인 관념이나 관점
차이점 예	여자는 남자보다 운동을 잘 못한다.	외국에서 살다 온 사람은 생각이 자유로울 것이다

도움말 이 글은 비교와 대조 짜임의 글입니다. 이 글의 차이점을 정리할 때는 뜻과 예로 나누어 정리하면 좋습니다.

3

	양적 공리주의	질적 공리주의
공통점	가치 판단의 기준을 예 효용과 행복 의 증진에 둠.	
차이점	• 예 많은 사람의 쾌락 을/를 극대화하는 것이 목적임. • 모든 쾌락이 똑같이 중요하다고 생각함.	• 쾌락의 양보다 예 질 을/를 중요하게 여김. • 유익한 쾌락을 추구해야 한다고 주장함.

34~35쪽

4

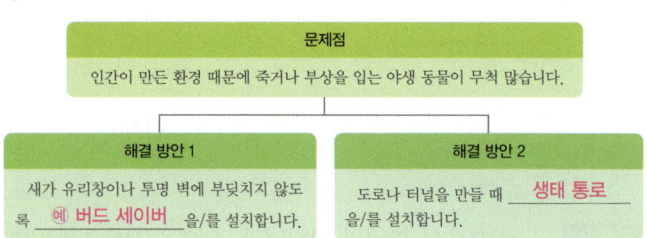

5

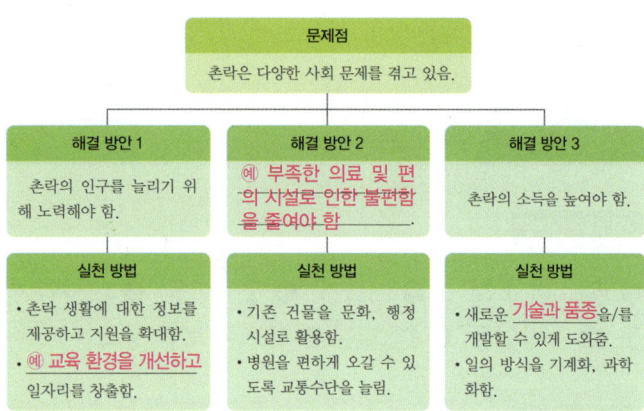

도움말 이 글은 문제와 해결 짜임의 글입니다. 첫 번째 문단에서 문제점을 찾아 정리하고, 나머지 문단에서 해결 방안과 구체적인 실천 방법을 찾아 정리합니다. 해결 방안은 맨 앞에 있는 중심 문장에 나와 있고, 실천 방법은 뒷받침 문장에 나와 있습니다.

Day 05   36~41쪽

36~37쪽

❶ 세계 지도 ❷ 예) 세계 여러 나라의 위치를 한눈에 볼 수 있는 지도이고 ❸ 노폐물 ❹ 오줌이 되어

38~39쪽

1

 요약하기

신체에 특별한 비밀이 있는 해양 생물이 있습니다. 문어는 다리의 빨판으로 예) 주변 환경과 맛을 감지하고 , 불가사리는 예) 팔 끝에 눈의 역할을 하는 안점이 있으며 , 낙지는 심장이 세 개나 있다.

도움말 빈칸에는 문어와 불가사리에 대한 내용이 들어가야 합니다. 각 문장을 이어 주는 말을 사용해 쉼표(,)로 연결하면 한 문장으로 간단하게 요약할 수 있습니다.

2

요약하기

근·현대 미술 사조의 흐름은 다음과 같다. 19세기 후반에 유행한 인상주의는 자연을 주제로 삼아 햇빛에 따라 변화하는 색채를 표현하였다. 이후 19세기 말에 등장한 후기 인상주의는 예) 주관적인 표현을 중시하며 사물에 자신의 감정이나 생각을 반영하였고 , 20세기 초에 유행한 입체주의는 예) 자연의 여러 가지 형태를 입체 조각으로 표현하였다 .

도움말 빈칸에는 두 번째 순서에 해당하는 내용이 들어가야 합니다. '-고'와 같은 이어 주는 말을 사용하면 두 번째 순서에 해당하는 내용과 세 번째 순서에 해당하는 내용을 한 문장으로 연결하여 정리할 수 있습니다.

40~41쪽

3

 요약하기

양적 공리주의와 질적 공리주의는 예) 가치 판단의 기준을 효용과 행복의 증진에 둔 점이 같습니다. 하지만 양적 공리주의는 많은 사람의 쾌락을 극대화하는 것이 목적이고 모든 쾌락이 똑같이 중요하다고 생각합니다. 이에 반해 질적 공리주의는 예) 쾌락의 양보다 질을 중요하게 여기고, 유익한 쾌락을 추구해야 한다고 주장합니다 .

도움말 첫 번째 빈칸에는 두 설명 대상의 공통점이 들어가야 합니다. 두 번째 빈칸에는 틀에서 정리한 질적 공리주의의 특징을 이어 주는 말을 사용하여 정리합니다.

4

요약하기

인간이 만든 환경 때문에 죽거나 부상을 입는 야생 동물이 무척 많습니다. 이를 해결하기 위해서는 예) 새가 유리창이나 투명 벽에 부딪치지 않도록 버드 세이버를 설치하고, 도로나 터널을 만들 때 생태 통로를 설치해야 합니다 .

도움말 빈칸에는 해결 방안 1과 해결 방안 2에 해당하는 내용이 들어가야 합니다. 쉼표(,)를 사용해 한 문장으로 연결해서 정리하는 것이 좋습니다.

Day 06   44~45쪽

중심 문장 쓰기
1문단 – 웨어러블 로봇
2문단 – 산업 현장
3문단 – 재난 방재 현장
4문단 – 의료 재활

도움말 1문단은 설명 대상인 '웨어러블 로봇'을 빈칸에 넣어 문단의 중심 내용을 정리합니다.

1

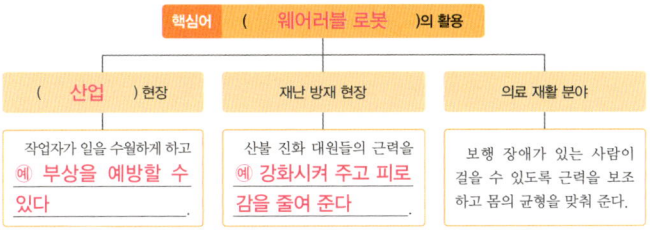

핵심어 (웨어러블 로봇)의 활용

(산업) 현장 / 재난 방재 현장 / 의료 재활 분야

작업자가 일을 수월하게 하고 ㉠ 부상을 예방할 수 있다.

산불 진화 대원들의 근력을 ㉠ 강화시켜 주고 피로감을 줄여 준다.

보행 장애가 있는 사람이 걸을 수 있도록 근력을 보조하고 몸의 균형을 맞춰 준다.

2

웨어러블 로봇은 사람의 몸에 직접 착용하는 로봇이다. 웨어러블 로봇은 산업 현장, __재난 방재 현장, 의료 재활 분야__ 등에서 다양하게 활용되고 있다.

도움말 웨어러블 로봇이 활용되는 세 분야 중 산업 현장 외의 두 분야를 쉼표(,)로 연결하여 씁니다.

3 ②

도움말 2문단은 산업 현장, 3문단은 재난 방재 현장, 4문단은 의료 재활 분야에서 웨어러블 로봇이 활용되는 예를 설명하였습니다. 웨어러블 로봇이 교육 분야에서 활용되고 있다는 내용은 글에 나오지 않습니다.

4 하민

도움말 글쓴이는 근력을 강화해 주는 웨어러블 로봇을 활용하여 산업 현장의 작업자, 산불 진화 대원, 보행 장애가 있는 사람이 도움을 받을 수 있다는 것을 설명하였습니다. 따라서 글쓴이가 웨어러블 로봇의 활용을 부정적으로 바라보고 있다는 예성이의 말은 알맞지 않습니다. 또한 사람의 몸에 직접 착용하는 웨어러블 로봇이 사람 대신 일을 할 수 없으므로 주원이의 말도 알맞지 않습니다.

Day 07   46~47쪽

중심 문장 쓰기
1문단 – 태조 이성계
2문단 – 임진왜란
3문단 – ㉠ 다시 지어졌습니다
4문단 – 일제 강점기
5문단 – 복원 작업

도움말 3문단은 중심 문장인 첫째 문장을 시간을 나타내는 말인 '조선 말'로 시작하도록 문장을 재구성해 정리합니다.

1

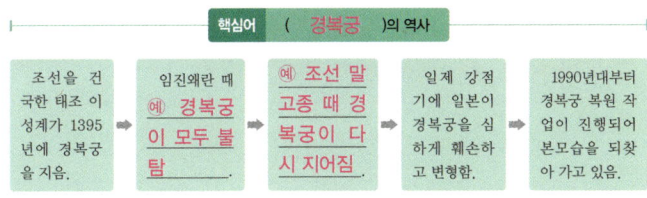

핵심어 (경복궁)의 역사

조선을 건국한 태조 이성계가 1395년에 경복궁을 지음. → 임진왜란 때 ㉠ 경복궁이 모두 불탐 → ㉠ 조선 말 고종 때 경복궁이 다시 지어짐 → 일제 강점기에 일본이 경복궁을 심하게 훼손하고 변형함. → 1990년대부터 경복궁 복원 작업이 진행되어 본모습을 되찾아 가고 있음.

2

조선을 건국한 태조 이성계가 1395년에 경복궁을 지었습니다. 경복궁은 임진왜란 때 모두 불타 버린 뒤 조선 말 고종 때 다시 지어졌습니다. 일제 강점기에 ㉠ __일본이 경복궁을 심하게 훼손하고 변형하였고, 1990년대부터 복원 작업이 진행되어 본모습을 되찾아 가고 있습니다__.

도움말 〈문제 1번〉에서 정리한 내용 중 일제 강점기와 1990년대에 해당하는 내용을 씁니다. 한 문장 안에서 '경복궁'이 반복되지 않도록 매끄러운 문장으로 요약합니다.

3 ④

도움말 이 글은 조선 초에 경복궁이 지어졌을 때부터 오늘날까지 경복궁의 역사를 설명한 글입니다. 경복궁이 불타고 중건되고 훼손되었다가 복원되기까지 경복궁에 일어난 일들이 순서대로 나타납니다.

4 ③

도움말 ①은 일제 강점기에, ②는 조선 말 고종 때, ③은 1990대 이후에, ④는 임진왜란 때 있었던 일입니다. ④ → ② → ① → ③의 순서이므로 광화문을 제 위치에 다시 지은 것이 가장 나중에 있었던 일입니다.

Day 08   48~49쪽

중심 문장 쓰기
- 1문단 – 공통점과 차이점
- 2문단 – 핵, 세포막
- 3문단 – 세포벽이 있다
- 4문단 – 소기관

도움말 1문단은 중심 문장인 마지막 문장에서 세부 내용인 '현미경으로 관찰했을 때'를 삭제할 수 있습니다.

1 예) 식물 세포와 동물 세포

2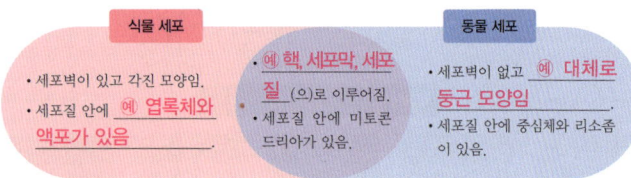

3
> 식물 세포와 동물 세포에는 공통적으로 핵, 세포막, 세포질, 미토콘드리아가 있다. 예) 식물 세포는 세포벽이 있고 각진 모양 인 반면에 동물 세포는 세포벽이 없고 대체로 둥근 모양이다. 또 식물 세포는 세포질 안에 엽록체와 액포가 있지만 예) 동물 세포는 중심체와 리소좀이 있다

도움말 요약한 글에서 첫째 문장은 식물 세포와 동물 세포의 공통점이고, 둘째, 셋째 문장은 차이점입니다. 첫 번째 빈칸에는 식물 세포와 동물 세포의 차이점 중 식물 세포의 세포벽과 세포의 모양에 대한 내용을 씁니다. 빈칸 뒤가 '~인 반면에'로 이어지는 것에 유의해 문장을 만듭니다. 두 번째 빈칸에는 식물 세포와 달리 동물 세포에는 어떤 소기관이 있는지 씁니다.

4 (1) 2 (2) 3, 4

도움말 이 글은 식물 세포와 동물 세포의 특징을 비교·대조하여 설명한 글입니다. 2문단에서는 식물 세포와 동물 세포의 공통점을 설명하였고, 3문단과 4문단에서는 차이점을 설명하였습니다.

5 ②

도움말 핵, 세포막, 세포질로 이루어진 식물 세포는 세포막 바깥쪽에 세포벽이 있고 각진 모양입니다. 또 세포질 안에 엽록체가 있습니다. 세포벽이 없는 것은 동물 세포의 특징입니다.

Day 09   50~51쪽

중심 문장 쓰기
- 1문단 – 놀이공원
- 2문단 – 박탈감
- 3문단 – 돈
- 4문단 – 놀이공원의 돈벌이
- 5문단 – 예) 없애야 한다

도움말 5문단은 놀이공원 패스트 트랙이 공정하지 않다는 첫 문장의 내용과, 마지막 문장에 나타난 글쓴이의 주장을 연결하여 중심 내용을 정리할 수 있습니다.

1 패스트 트랙

2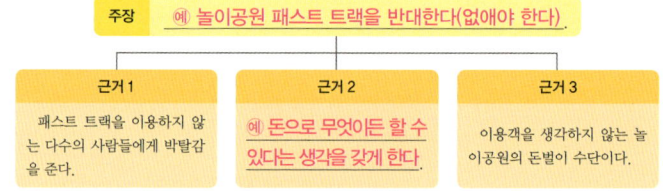

3
> 놀이공원 패스트 트랙을 예) 반대한다 . 놀이공원 패스트 트랙은 예) 그것을 이용하지 않는 다수의 사람들에게 박탈감을 주고 , 돈으로 무엇이든 할 수 있다는 생각을 갖게 하며, 예) 이용객을 생각하지 않는 놀이공원의 돈벌이 수단 이기 때문이다.

도움말 첫째 문장은 글쓴이의 주장이고, 둘째 문장은 주장을 뒷받침하는 근거 세 가지를 요약한 것입니다. 따라서 첫 번째 빈칸에는 놀이공원 패스트 트랙에 대한 글쓴이의 주장을 써넣어 문장을 완성합니다. 두 번째 빈칸에는 '-고'를 사용하여 〈문제 2번〉에서 정리한 근거 1이 근거 2와 연결되도록 씁니다. 세 번째 빈칸에는 근거 3을 '~이기 때문이다'로 끝맺도록 정리해 씁니다.

4 (3) ○

도움말 모두 동등하게 놀이기구를 탈 기회가 있어야 한다고 말한 수진이가 글쓴이처럼 놀이공원 패스트 트랙에 반대하는 생각을 가지고 있습니다. 창민이와 용우는 놀이공원 패스트 트랙에 긍정적인 입장입니다.

5 2, 3, 4

도움말 1문단에서 주장을 밝히고, 2, 3, 4문단에서 주장에 대한 근거 세 가지를 제시했습니다. 5문단에서는 주장을 다시 한번 강조했습니다.

Day 10   52~53쪽

중심 문장 쓰기

1 문단 – 개발 도상국
2 문단 – 개발 도상국의 발전
3 문단 – 인재를 교육합니다
4 문단 – 해외 봉사단
5 문단 – 평화와 번영

도움말 1 문단의 중심 문장인 마지막 문장에서 '개발 도상국' 앞의 '중앙아메리카, 남아메리카, 아프리카, 아시아의'는 세부 내용이므로 삭제할 수 있습니다.

1

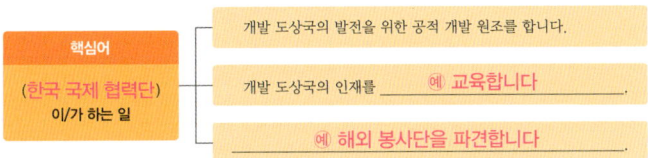

2

| 한국 국제 협력단은 개발 도상국을 지원하기 위해 여러 가지 일을 합니다. 예 개발 도상국의 발전을 위한 공적 개발 원조를 하고, 개발 도상국의 인재를 교육합니다. 그리고 해외 봉사단을 파견합니다. |

도움말 빈칸에는 한국 국제 협력단이 하는 일 세 가지 중 두 가지를 써야 합니다. '-고', '또'와 같은 표현을 사용하여 씁니다.

3 ③

도움말 2 ~ 4 문단에서 설명한 '개발 도상국의 발전을 위한 공적 개발 원조, 개발 도상국의 인재 교육, 해외 봉사단 파견'은 한국 국제 협력단이 하는 일입니다.

4 (1) ○ (2) × (3) ×

도움말 (1) 개발 도상국에 돈이나 기술 등의 도움을 주는 것은 공적 개발 원조를 한다는 것이므로 한국 국제 협력단에 대한 설명으로 알맞습니다. (2) 한국 국제 협력단은 개발 도상국을 지원하기 위해 설립되었으므로 알맞지 않습니다. (3) 한국 국제 협력단은 개발 도상국의 연수생을 초청하여 교육하므로 알맞지 않습니다.

Day 11   54~55쪽

중심 문장 쓰기

1 문단 – 사막화 문제
2 문단 – 온실가스 배출
3 문단 – 파괴하지 않아야 한다
4 문단 – 나무
5 문단 – 사막화 방지

도움말 1 문단은 사막화가 인간의 삶과 생태계를 위태롭게 한다는 내용과, 사막화 문제 해결에 적극적으로 나서야 한다는 글쓴이의 주장을 연결해 한 문장으로 중심 내용을 정리할 수 있습니다. 5 문단은 글쓴이의 주장을 다시 한번 강조한 마지막 문장이 중심 문장입니다.

1 사막화

2

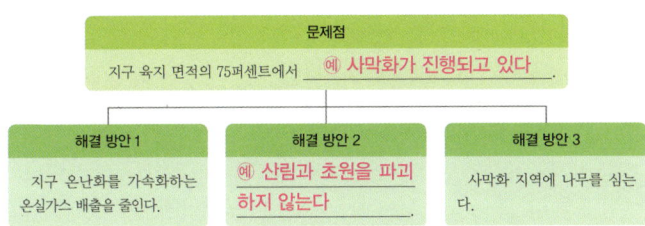

3

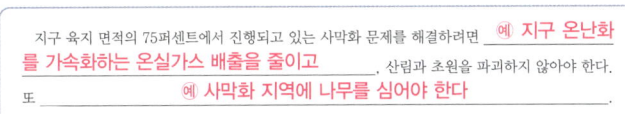

도움말 빈칸에는 사막화 문제에 대한 해결 방안이 들어가야 합니다. 첫 번째 빈칸에는 〈문제 2번〉에서 정리한 해결 방안 1을 씁니다. 이때 해결 방안 2와 연결해야 하므로 문장을 끝맺지 말고 '-고'를 사용해 표현합니다. 그리고 두 번째 빈칸에는 해결 방안 3의 내용을 한 문장으로 씁니다.

4 ③

도움말 3 문단에서 농경지를 만들려고 숲의 나무를 베고, 과잉 방목하는 가축이 초원의 풀을 먹어 치우면 산림과 초원이 훼손되고 토양이 척박해진다고 하였습니다. 따라서 사막화 방지를 위해 몽골의 사막화 지역에 소 떼와 양 떼를 보내면 좋겠다고 말한 태윤이는 글을 잘못 이해하였습니다. 글의 내용에 따르면 몽골의 사막화 지역에는 나무를 심어야 합니다.

Day 12 56~57쪽

중심 문장 쓰기
1문단 – 기체
2문단 – 냉각제
3문단 – 금속의 용접에 이용됩니다
4문단 – 드라이아이스와 소화기
5문단 – 네온

도움말 2문단의 중심 내용은 질소의 쓰임새입니다. 따라서 질소는 식품 포장의 충전물로 이용된다는 문장과, 냉각제로 쓰인다는 문장에서 중복되는 말을 삭제합니다. 그리고 두 문장을 연결해 한 문장으로 재구성할 수 있습니다.

1

2

여러 가지 기체 중 ㉠ 질소는 식품 포장의 충전물과 냉각제로 이용됩니다. 또 산소는 인공호흡기와 산소통, 금속의 용접에 쓰이고, 이산화 탄소는 드라이아이스와 소화기에 이용됩니다. ㉠ 그리고 네온은 간판과 조명 기구에 이용됩니다.

도움말 '또', '그리고', '–고', '–며'와 같은 표현을 사용하여 네 가지 기체의 쓰임새가 자연스럽게 이어지도록 정리해 씁니다.

3 ③

도움말 2문단은 질소, 3문단은 산소, 4문단은 이산화 탄소, 5문단은 네온의 쓰임새를 설명하였습니다.

4 ②, ③

도움말 ① 물질이 잘 타도록 하는 산소의 성질을 이용한 것은 금속의 용접입니다. 인공호흡기에 산소를 이용하는 것은 산소가 생물의 생명 유지에 꼭 필요한 기체이기 때문입니다. ④ 이산화 탄소가 다른 기체보다 무거워서 아래로 가라앉는 성질을 이용한 것은 소화기입니다. 이산화 탄소를 얼린 드라이아이스는 이산화 탄소가 고체 상태로 만들기 쉽다는 성질을 이용한 것입니다.

Day 13 58~59쪽

중심 문장 쓰기
1문단 – 이야기를 음악으로 만든 공연 예술
2문단 – 등장하는 인물
3문단 – 반주
4문단 – 공연 장소
5문단 – 청중의 역할

1 ㉠ 판소리와 창극

2

	(판소리)	(창극)
같은 점	이야기를 음악으로 만든 공연 예술이다.	
다른 점 – 등장하는 인물	소리꾼 한 명이 ㉠ 여러 인물의 역할을 한다	여러 명의 배우가 배역을 하나씩 맡는다.
다른 점 – 반주	고수의 북장단 외에 다른 반주가 없다.	㉠ 여러 악기로 구성된 악단이 반주를 한다
다른 점 – 공연 장소	사람들이 모여 앉을 수 있는 곳이면 공연이 가능하다.	㉠ 무대가 있는 극장 에서 공연한다.
다른 점 – (청중)의 역할	추임새를 넣으며 공연에 적극적으로 참여한다.	수동적이고 공연에 미치는 영향이 거의 없다.

3

판소리와 창극은 ㉠ 이야기를 음악으로 만든 공연 예술이라는 점 이/가 같다. 그러나 등장하는 인물, 반주, ㉠ 공연 장소, 청중의 역할은 다르다 .

도움말 첫 번째 빈칸에는 판소리와 창극의 같은 점을 쓰고, 두 번째 빈칸에는 다른 점을 씁니다. 다른 점을 쓸 때는 〈문제 2번〉에서 정리한 세부 내용은 생략하고, '등장하는 인물', '반주', '공연 장소', '청중의 역할' 등 비교 기준을 열거하며 요약합니다.

4 지민

도움말 3문단에서 창극은 여러 악기로 구성된 악단이 반주를 한다고 했습니다. 따라서 악단이 여러 가지 전통 악기를 연주하며 노래의 반주를 했다고 말한 지민이가 창극 공연을 본 친구입니다. 소리꾼이 춘향이 역할과 이몽룡 역할을 모두 하며 노래를 부른 것과, 청중이 추임새를 넣는 것은 판소리 공연에서 볼 수 있습니다.

Day 14　60~61쪽

중심 문장 쓰기

1문단 – 예 제작
2문단 – 예 좋은 나무
3문단 – 예 대패로 깎는다
4문단 – 예 앞판과 뒤판을 붙여
5문단 – 가야금 줄

도움말 1문단은 중심 문장인 마지막 문장을 '제작'을 넣어 재구성할 수 있습니다. 4문단은 중심 문장인 첫 문장에서 덧붙인 내용인 '앞판과 뒤판 깎기가 끝나면'을 삭제하고, '두 판'을 '앞판과 뒤판'으로 구체적으로 표현하여 재구성할 수 있습니다.

1

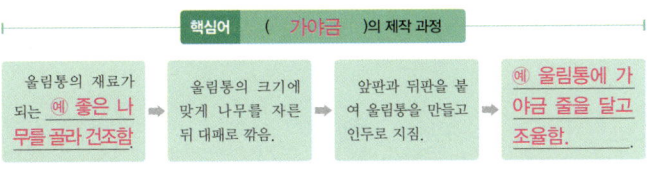

2

가야금을 만들려면 먼저, 울림통의 재료가 되는 좋은 나무를 골라 건조한다. 그리고 울림통의 크기에 맞게 나무를 자른 뒤 대패로 깎는다. 예 그런 다음 앞판과 뒤판을 붙여 울림통을 만들고 인두로 지진다. 끝으로 울림통에 가야금 줄을 달고 조율한다.

도움말 〈문제 1번〉에서 정리한 가야금 제작 과정의 네 단계를 자연스럽게 연결해 씁니다. '먼저', '그리고', '그런 다음', '끝으로'와 같은 표현을 사용하여 순서가 드러나게 정리해야 합니다.

3 ③

도움말 이 글은 가야금이 어떤 과정을 거쳐 만들어지는지를 설명하는 내용이므로 글의 제목으로는 '가야금은 어떻게 만들까?'가 알맞습니다.

4 ㉯

도움말 ㉯ → ㉮ → ㉰ → ㉱의 순서로 가야금을 만듭니다. 가야금의 울림통을 만든 뒤, 울림통 한쪽 끝 봉미에 부들을 꿰어 묶습니다. 부들에 가야금 줄 12개를 달고, 안족의 위치를 조절하며 조율합니다.

Day 15　62~63쪽

중심 문장 쓰기

1문단 – 교환 비율
2문단 – 수출과 수입
3문단 – 개인의 경제생활
4문단 – 안정적으로 유지되도록

도움말 1문단은 환율의 뜻을 나타낸 문장과, 환율이 국제 경제 상황에 따라 변동한다는 내용의 문장을 연결해 한 문장으로 중심 내용을 정리합니다.

1

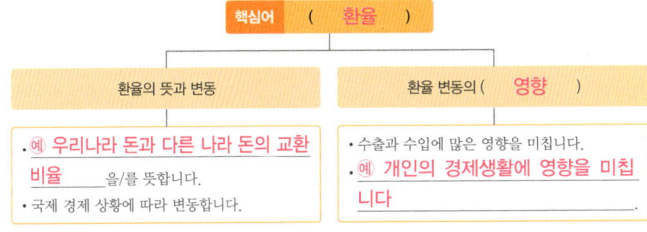

2

환율은 우리나라 돈과 다른 나라 돈의 교환 비율로, 예 국제 경제 상황에 따라 변동합니다. 이러한 환율 변동은 예 수출과 수입, 개인의 경제생활에 영향을 미칩니다.

도움말 첫째 문장의 앞부분에 환율의 뜻이 나와 있으므로 첫 번째 빈칸에는 환율 변동에 대한 내용을 이어 씁니다. 두 번째 빈칸에는 환율 변동의 영향을 한 문장으로 정리해 씁니다.

3 (1) ○

도움말 이 글은 1문단에서 환율의 의미를 설명하고, 2~4문단에서 환율 변동이 국가 경제와 개인의 경제생활에 미치는 영향에 대해 알려 주고 있습니다.

4 ③

도움말 ① 환율이 내리면 우리가 해외에서 사 오는 물건의 값이 싸진 것이므로 수입이 늘어납니다. ② 환율이 오르면 해외에서 사 오는 원료값이 올라 기업이 물건값을 인상하고, 수입품의 가격도 올라 물가가 상승할 수 있습니다. ③ 환율의 변동 폭이 크면 경제가 불안정해진다고 하였습니다. ④ 각 나라 화폐의 가치가 다르므로 돈을 바꿀 때에는 우리나라 돈과 다른 나라 돈의 교환 비율인 환율에 따라 교환합니다.

Day 16   64~65쪽

중심 문장 쓰기
1문단 - 문화적 편견과 차별
2문단 - 기회를 마련해야 한다
3문단 - 다양성
4문단 - 금지해야 한다
5문단 - 차이를 존중

도움말 1문단은 많은 외국인이 한국에서 문화적 편견과 차별을 경험하는 문제를 제기한 문장과, 이러한 문제를 해결해야 한다는 생각이 나타난 문장을 연결해 재구성합니다.

1 예 문화적 편견과 차별

2

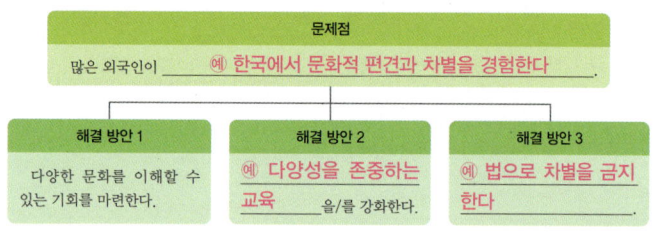

3

많은 외국인이 한국에서 ___예 문화적 편견과 차별___ 을/를 경험하는 문제를 해결하기 위해서는 ___예 다양한 문화를 이해할 수 있는 기회를 마련하고, 다양성을 존중하는 교육을 강화해야 한다___. 그리고 법으로 차별을 금지해야 한다.

도움말 첫 번째 빈칸에는 글쓴이가 제기한 문제를 쓰고, 두 번째 빈칸에는 해결 방안을 씁니다. 두 가지 해결 방안을 한 문장으로 쓰려면 '-고'나 '-며'와 같은 말을 사용해 정리합니다.

4 (2) ○

도움말 글쓴이가 제시한 세 가지 해결 방안의 내용과, 5문단의 내용에서 문화적 차이를 존중하고 다양한 문화를 포용해야 한다는 주장을 파악할 수 있습니다.

5 1

도움말 1문단에 많은 외국인이 한국에서 문화적 편견과 차별을 경험한다는 문제 상황이 구체적으로 나타나 있습니다. 2~4문단에는 문제 상황에 대한 해결 방안이, 5문단에는 글쓴이의 주장이 나타나 있습니다.

Day 17   66~67쪽

중심 문장 쓰기
1문단 - 색
2문단 - 예 어떤 색을 다른 색과 구분하는 고유한 성질
3문단 - 순수하고 선명한
4문단 - 밝고 어두운

도움말 2문단의 중심 문장인 첫 문장에서 '빨강, 노랑, 파랑처럼'은 예를 든 내용으로, 삭제할 수 있습니다.

1

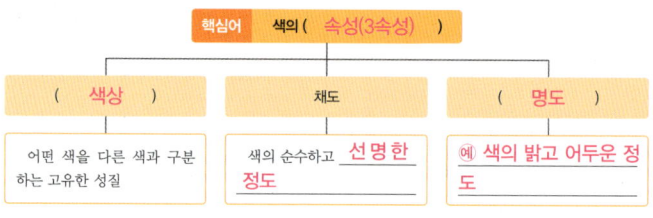

2

색이 가진 세 가지 속성은 ___예 색상, 채도, 명도___ 이다. ___예 색상은 어떤 색을 다른 색과 구분하는 고유한 성질이고___, 채도는 색의 순수하고 선명한 정도이다. ___예 그리고 명도는 색의 밝고 어두운 정도이다___.

도움말 첫 번째 빈칸에는 색이 가진 세 가지 속성이 무엇무엇인지 씁니다. 두 번째 빈칸에는 색의 3속성 중 색상에 대한 내용이 채도에 대한 내용과 한 문장으로 연결되도록 '-고'를 사용해 씁니다. 세 번째 빈칸에는 '그리고', '또한' 등의 말을 사용하여 명도에 대한 내용을 씁니다.

3 2

도움말 제시된 글은 색상환에서 색이 배열된 위치에 따른 색상들 간의 관계에 대한 내용이므로, 색의 3속성 중 색상을 설명한 2문단에 덧붙이는 것이 알맞습니다.

4 명도, 채도

도움말 분홍은 순색인 빨강에 흰색을 섞은 색입니다. 색의 밝기가 흰색에 가까울수록 명도가 높다고 했으므로 분홍은 빨강보다 명도가 높습니다. 그리고 순색에 흰색을 섞으면 채도가 낮아진다고 했으므로 분홍은 빨강보다 채도가 낮습니다.

Day 18 68~69쪽

중심 문장 쓰기

1 문단 – ㉮ 전기 압력밥솥
2 문단 – 높은 압력과 고온
3 문단 – 열을 고르게 전달하는 방법
4 문단 – 없고, 있다

[도움말] 3 문단은 마지막 문장이 중심 문장입니다. 4 문단의 중심 문장인 첫째 문장에서 중요하지 않은 말인 '별다른'과, 중복되는 말 '안전장치가'를 삭제하고 정리해 씁니다.

1 ㉮ 가마솥과 전기 압력밥솥

2

	(가마솥)	(전기 압력밥솥)
공통점	높은 압력과 고온으로 밥을 짓는다.	
차이점 - 솥 전체에 열을 고르게 전달하는 방법	무쇠의 특성을 고려해 ㉮ 부위별로 솥의 두께를 달리 만든다.	㉮ 솥 전체에 구리 코일을/를 감아 열이 솥 전체를 단번에 뜨겁게 한다.
차이점 - (안전장치)	폭발 위험이 없어 별다른 안전장치가 없다.	안전사고 예방을 위해 안전장치가 있다.

3

가마솥과 전기 압력밥솥은 <u>㉮ 높은 압력과 고온으로 밥을 짓는다</u>은/는 공통점이 있다. <u>㉮ 그러나 솥 전체에 열을 고르게 전달하는 방법과 안전장치</u>에는 차이점이 있다.

[도움말] 공통점을 정리한 문장 뒤에 차이점을 나타내는 문장이 올 때 두 문장 사이에 '그러나'를 사용하면 문장을 자연스럽게 이어 쓸 수 있습니다.

4 차이점
[도움말] 이 글은 가마솥과 전기 압력밥솥의 공통점과 차이점을 설명한 글로, 2 문단에서는 공통점을, 3 문단과 4 문단에서는 차이점을 설명하였습니다.

5 ①
[도움말] ① 가마솥은 내부 압력이 높아지면 틈으로 수증기가 조금씩 빠져나와 폭발 위험이 없습니다. ② 가마솥은 밑바닥 부분이 옆면보다 두껍습니다. ③ 가마솥 솥뚜껑의 무게가 솥 전체 무게의 3분의 1에 달할 만큼 무겁습니다. ④ 무쇠로 만든 가마솥이 서서히 달궈지고 전기 압력밥솥은 단번에 뜨거워집니다.

Day 19 70~71쪽

중심 문장 쓰기

1 문단 – 블랙 컨슈머
2 문단 – 제품의 품질 관리
3 문단 – 법과 제도
4 문단 – 건전한 소비 활동

1 블랙 컨슈머

2

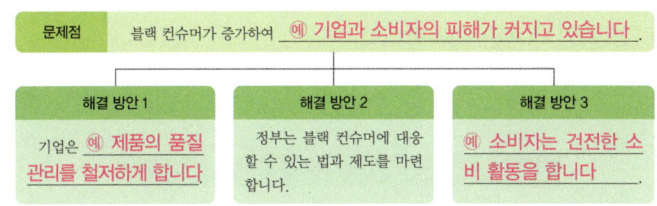

문제점	블랙 컨슈머가 증가하여 ㉮ 기업과 소비자의 피해가 커지고 있습니다.
해결 방안 1	기업은 ㉮ 제품의 품질 관리를 철저하게 합니다.
해결 방안 2	정부는 블랙 컨슈머에 대응할 수 있는 법과 제도를 마련합니다.
해결 방안 3	㉮ 소비자는 건전한 소비 활동을 합니다.

3

<u>㉮ 블랙 컨슈머가 증가하여</u> 기업과 소비자의 피해가 커지고 있습니다. 이 문제를 해결하려면 기업은 제품의 품질 관리를 철저하게 해야 합니다. <u>㉮ 그리고 정부는 블랙 컨슈머에 대응할 수 있는 법과 제도를 마련하고, 소비자는 건전한 소비 활동을 해야 합니다</u>.

[도움말] 블랙 컨슈머 문제를 해결하기 위해 기업, 정부, 소비자가 해야 할 일이 각각 무엇인지 〈문제 2번〉에서 정리한 내용을 다시 한번 살펴봅니다. 두 번째 빈칸에는 '그리고', '또한', '-고' 등과 같은 말을 사용해 해결 방안 두 가지를 이어서 씁니다.

4 ④
[도움말] 이 글에서는 기업, 정부, 소비자가 블랙 컨슈머 문제를 해결하기 위해 해야 할 노력에 대해 말하였으므로 글쓴이의 생각으로는 ④가 알맞습니다. ① 소비자는 블랙 컨슈머가 되지 않기 위해 자신의 소비 활동을 점검해 보는 태도가 필요하다고 했습니다. ②, ③ 정부와 기업은 블랙 컨슈머 문제 해결을 위해 블랙 컨슈머의 악성 민원에 적극적으로 대응해야 한다고 했습니다.

5 ②, ③, ④
[도움말] 1 문단에서는 블랙 컨슈머가 증가하여 피해가 커지고 있다는 문제점을 제시하였고, 2, 3, 4 문단에서 문제에 대한 해결 방안을 제시하였습니다.

Day 20   72~73쪽

중심 문장 쓰기

1문단 – 과정
2문단 – 감각 기관
3문단 – 중추 신경계
4문단 – 자극을 해석하고
5문단 – 뇌가 결정한 내용
6문단 – 운동 기관

> 도움말 **1**문단의 중심 문장인 마지막 문장에서 앞부분을 삭제하고 중심 내용만 정리합니다.

1

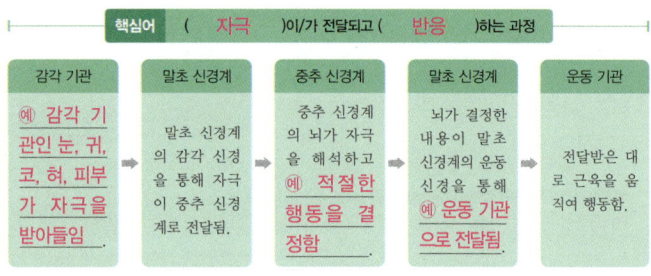

핵심어 (**자극**)이/가 전달되고 (**반응**)하는 과정

- 감각 기관: 예) 감각 기관인 눈, 귀, 코, 혀, 피부가 자극을 받아들임
- 말초 신경계: 말초 신경계의 감각 신경을 통해 자극이 중추 신경계로 전달됨.
- 중추 신경계: 중추 신경계의 뇌가 자극을 해석하고 예) 적절한 행동을 결정함
- 말초 신경계: 뇌가 결정한 내용이 말초 신경계의 운동 신경을 통해 예) 운동 기관으로 전달됨
- 운동 기관: 전달받은 대로 근육을 움직여 행동함.

2

우리 몸의 감각 기관이 자극을 받아들이고, 말초 신경계의 감각 신경을 통해 **예) 자극이 중추 신경계로 전달됩니다**. 그런 다음 중추 신경계의 **뇌** 이/가 자극을 해석하고 적절한 행동을 결정합니다. **예) 결정한 내용이 말초 신경계의 운동 신경을 통해 운동 기관으로 전달되고, 운동 기관은 전달받은 대로 행동합니다**

> 도움말 〈문제 **1**번〉에서 정리한 다섯 단계가 드러나도록 요약합니다. 우리 몸에서 자극이 전달되고 반응하는 과정에서 어떤 기관이 무엇을 하는지를 잘 정리하여 차례대로 씁니다.

3 (1) 5 (2) 1 (3) 2 (4) 4 (5) 3

> 도움말 눈이 자극을 받아들이는 것을 시작으로, '자극(눈으로 지우개를 봄.) → 감각 신경 → 뇌(자극을 해석하여 행동을 결정함.) → 운동 기관(팔의 근육) → 반응(지우개를 줍는 행동)'의 과정으로 자극이 전달되고 반응합니다.

4 ①, ③

> 도움말 중추 신경계는 뇌와 척수로 이루어져 있습니다. 근육은 운동 기관이고, 감각 신경은 말초 신경계입니다.

Day 21   74~75쪽

중심 문장 쓰기

1문단 – 지구촌의 빈곤 문제
2문단 – 개발 도상국
3문단 – 국제기구
4문단 – 빈곤 국가의 아동들에게 교육의 기회를 준다
5문단 – 관심을 가지고 함께 해결해야 한다

1 빈곤 문제

2

문제점: 전 세계 7억 명이 넘는 사람들이 예) **절대적 빈곤 상태에서 고통받고 있다**

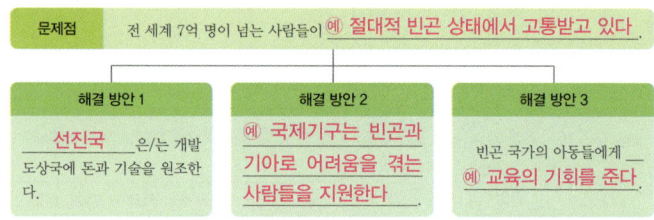

- 해결 방안 1: **선진국** 은/는 개발 도상국에 돈과 기술을 원조한다.
- 해결 방안 2: 예) **국제기구는 빈곤과 기아로 어려움을 겪는 사람들을 지원한다**
- 해결 방안 3: 빈곤 국가의 아동들에게 예) **교육의 기회를 준다**.

3

예) **전 세계 7억 명이 넘는 사람들이 절대적 빈곤 상태에서 고통받는 문제** 을/를 해결하기 위해 예) **선진국은 개발 도상국에 돈과 기술을 원조하고** . 국제기구는 빈곤과 기아로 어려움을 겪는 사람들을 지원해야 한다. 예) **또 빈곤 국가의 아동들에게 교육의 기회를 주어야 한다** .

> 도움말 첫 번째 빈칸에는 글쓴이가 제기한 문제점을 씁니다. 빈칸 뒤가 '-을/를'로 이어지므로 '-다'로 문장을 끝맺지 않아야 합니다. 두 번째와 세 번째 빈칸에는 해결 방안을 씁니다. 세 가지 해결 방안이 자연스럽게 연결되도록 '-고', '또' 등 이어 주는 말을 적절히 사용합니다.

4 (3) ○

> 도움말 (1) 글에서 국내 빈곤 아동에 대해 말한 부분은 없습니다. (2) 글쓴이는 스스로의 힘으로 빈곤에서 벗어날 수 있도록 빈곤 국가의 아동들에게 교육의 기회를 주어야 한다고 했습니다.

5 (2) ○

> 도움말 **1**문단은 지구촌의 빈곤 문제에 대한 문제 상황을 제시한 부분입니다. (1)은 빈곤 문제의 해결 방안 중 개인이 할 수 있는 노력에 해당합니다. (2)는 코로나19로 인해 가난한 사람은 더욱 가난해져 빈곤이 심화되었다는 내용입니다. 이것은 빈곤 문제에 대한 문제 상황이므로 **1**문단에 들어갈 내용으로 알맞습니다.

Day 22   76~77쪽

중심 문장 쓰기
1️⃣문단 – 반려동물을 키우는 사람
2️⃣문단 – 책임감
3️⃣문단 – 둘째, 반려동물 보유세를 동물 복지 향상을 위해 사용할 수 있다

[도움말] 1️⃣문단은 반려동물 보유세의 뜻을 밝힌 문장과, 글쓴이의 주장이 나타난 문장에서 중요 내용을 연결하여 한 문장으로 재구성합니다.

1 반려동물

2

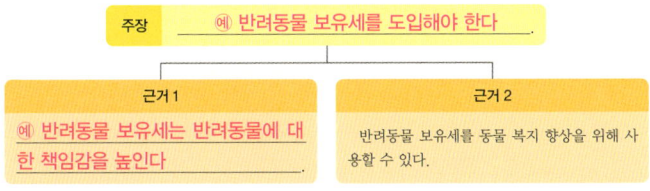

3

> 반려동물 보유세를 도입해야 한다. 왜냐하면 ⓔ 반려동물 보유세는 반려동물에 대한 책임감을 높이고, 동물 복지 향상을 위해 사용할 수 있기 때문이다

[도움말] 주장을 나타내는 문장 '반려동물 보유세를 도입해야 한다.' 뒤에 이어지는 근거가 '왜냐하면'으로 시작하므로, '~기 때문이다'로 문장을 끝맺어야 합니다.

4 ③

[도움말] 글쓴이는 반려동물 보유세를 도입해야 한다고 주장하면서 그에 대한 근거를 제시했으므로, 글의 제목은 글쓴이의 주장을 나타낸 ③이 알맞습니다.

5 (3) ✕

[도움말] (1)과 (2)는 반려동물 보유세의 긍정적인 면이므로 글쓴이의 주장을 뒷받침할 수 있는 내용입니다. 하지만 (3)은 반려동물 보유세를 걷었을 때의 부작용에 해당하므로 이 글에 추가할 근거로 알맞지 않습니다.

Day 23   78~79쪽

중심 문장 쓰기
1️⃣문단 – 기후
2️⃣문단 – 샤프카
3️⃣문단 – 고산 기후인 멕시코에서는 솜브레로를 쓴다
4️⃣문단 – 베트남
5️⃣문단 – 건조 기후

[도움말] 4️⃣문단은 베트남의 기후와 모자의 이름을 넣어 한 문장으로 중심 내용을 재구성해 씁니다. 5️⃣문단의 중심 문장인 둘째 문장에서 세부 내용인 '남자들이'는 삭제할 수 있습니다.

1

2

> 기후에 따라 세계 여러 나라에서 쓰는 모자가 다르다. 냉대 기후인 러시아에서는 샤프카, ⓔ 고산 기후인 멕시코에서는 솜브레로, 열대와 아열대 기후인 베트남에서는 논라를 쓴다. 또 건조 기후인 사우디아라비아에서는 구트라를 머리에 두른다.

[도움말] 요약한 글의 첫 문장이 기후에 따라 세계 여러 나라에서 쓰는 모자가 다르다는 내용이므로 러시아, 멕시코, 베트남, 사우디아라비아의 기후와 각 나라에서 쓰는 모자의 이름을 문장 안에 넣어 정리해야 합니다.

3 (1) 4️⃣ (2) 2️⃣ (3) 3️⃣

[도움말] 모자의 모양을 보고 어느 나라에서 쓰는 모자인지 알 수 있습니다. (1)은 원뿔 모양의 논라로 4️⃣문단에서 설명하였습니다. (2)는 귀덮개가 달려 있는 샤프카로 2️⃣문단에서 설명하였습니다. (3)은 챙이 넓은 솜브레로이고 3️⃣문단에서 설명하였습니다.

Day 24 (80~81쪽)

중심 문장 쓰기

1문단 – ㉮ 탄소로만 이루어졌다
2문단 – 결합 구조
3문단 – 흑연과 다이아몬드는 성질과 쓰임새가 다릅니다
4문단 – 흑연

도움말 4문단은 둘째 문장이 중심 문장입니다. 문장에서 세부 내용을 삭제하고 중심 내용을 재구성할 수 있습니다.

1 ㉮ 흑연과 다이아몬드

2

		(흑연)	(다이아몬드)
공통점		㉮ 탄소로만 이루어짐	
차이점	탄소 원자의 결합 구조	• 육각형 모양의 얇은 판 구조임. • 육각형의 탄소 원자들끼리는 강하게 결합하지만, ㉮ 판과 판 사이의 결합은 약함.	• ㉮ 입체적인 그물 구조임 • 탄소 원자들 사이의 결합이 매우 강함.
	성질	• ㉮ 부드럽고 무름 • 전기가 잘 통함.	• ㉮ 단단함 • 빛이 굴절되는 정도가 높음.
	쓰임새	연필심, 인쇄 잉크 전기차 배터리의 핵심 소재	• 절삭 기계, 치과용 기구, 보석 세공 공구, 장신구

3

흑연과 다이아몬드의 공통점은 ㉮ 탄소로만 이루어졌다 은/는 점입니다.
㉮ 그러나 탄소 원자의 결합 구조, 성질과 쓰임새는 차이가 있습니다.

도움말 이 글은 흑연과 다이아몬드의 공통점과 차이점을 설명한 글이므로, 첫 번째 빈칸에는 공통점을 써넣어 문장을 완성합니다. 두 번째 빈칸에는 흑연과 다이아몬드의 비교 기준을 넣어 차이점을 요약합니다.

4 ②, ③

도움말 ① 부드럽고 무른 흑연은 연필심에 쓰입니다. ② 다이아몬드가 빛을 받으면 아름답게 빛나는 까닭은 빛이 굴절되는 정도가 높기 때문입니다. ③ 흑연과 다이아몬드는 구성 성분이 똑같지만 탄소 원자의 결합 구조는 다릅니다. ④ 다이아몬드는 무척 단단해서 치과용 기구에 사용된다고 하였습니다.

Day 25 (82~83쪽)

중심 문장 쓰기

1문단 – 씨가 퍼지는 방법
2문단 – 스스로 이동할 수 없는 식물은 동물에게 먹혀서 씨를 퍼뜨린다
3문단 – 동물의 몸
4문단 – 바람
5문단 – ㉮ 꼬투리가 터지면서

도움말 1문단은 중심 문장인 마지막 문장에서 세부 내용을 삭제하고 재구성합니다. 5문단은 첫째 문장과 둘째 문장에서 중요 내용을 연결하여 한 문장으로 재구성할 수 있습니다.

1

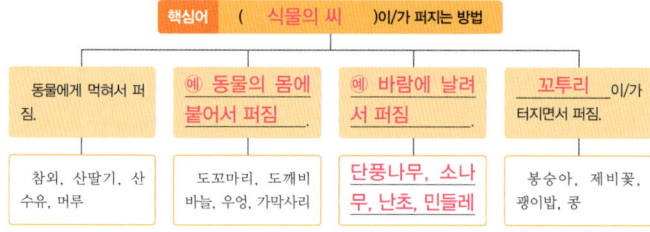

동물에게 먹혀서 퍼짐.	㉮ 동물의 몸에 붙어서 퍼짐	㉮ 바람에 날려서 퍼짐	꼬투리 이/가 터지면서 퍼짐.
참외, 산딸기, 산수유, 머루	도꼬마리, 도깨비바늘, 우엉, 가막사리	단풍나무, 소나무, 난초, 민들레	봉숭아, 제비꽃, 괭이밥, 콩

2

식물의 씨가 퍼지는 방법은 여러 가지이다. ㉮ 동물에게 먹히거나 동물의 몸에 붙어서 퍼지고, 바람에 날려서 퍼진다. 또 꼬투리가 터지면서 퍼진다.

도움말 〈문제 1번〉에서 정리한 내용에서 중복되는 말을 삭제하고, 씨가 퍼지는 네 가지 방법이 자연스럽게 이어지도록 요약합니다.

3 ①, ④

도움말 난초와 민들레는 씨가 바람에 날려서 퍼지는 식물입니다. 머루는 동물에게 먹혀서, 우엉은 동물의 몸에 붙어서 씨가 퍼집니다.

4 예하

도움말 씨는 물과 햇빛, 양분이 충분해야 싹을 틔운다고 했으므로 수박씨가 배 속에서 싹을 틔울 가능성은 없습니다. 또 어미 식물 아래 씨가 떨어지면 그늘이 져서 제대로 자라지 못한다고 하였습니다.

Day 26   84~85쪽

중심 문장 쓰기

- **1문단** – 일기 예보
- **2문단** – ㉮ 여러 가지 관측기구를 이용하여 기상을 관측한다
- **3문단** – ㉮ 관측 자료를 모아 분석하고 예상 일기도를 만든다
- **4문단** – 예보관들
- **5문단** – 정확성

1

핵심어	㉮ 일기 예보가 만들어지는 과정

㉮ 여러 가지 관측기구를 이용하여 기상을 관측한다. → ㉮ 관측 자료를 모아 분석하고 예상 일기도를 만든다. → ㉮ 예보관들이 자료를 종합하고 분석해 일기 예보를 만든다.

2

> ㉮ 일기 예보는 여러 과정을 거쳐 만들어진다. 먼저, 여러 가지 관측기구를 이용해 기상을 관측한 뒤, 관측 자료를 모아 분석하고 예상 일기도를 만든다. 그런 다음 예보관들이 자료를 종합하고 분석해 일기 예보를 만든다.

도움말 〈문제 1번〉에서 정리한 내용에서 중복되는 내용을 삭제하고, 각 단계가 자연스럽게 연결되도록 요약합니다. '먼저', '~ 뒤', '그런 다음' 등 순서를 나타내는 표현을 적절히 사용합니다.

3 ㉮, ㉰, ㉯, ㉫

도움말 가장 먼저 기상을 관측하고(㉮), 관측 자료를 수집합니다(㉰). 예보관들이 여러 자료를 종합하고 분석하여(㉯) 일기 예보 내용을 정하면(㉫) 일기 예보가 만들어집니다.

4 (1) ✕ (2) ✕ (3) ○

도움말 (1) 기상청의 예보관들은 예상 일기도와 함께 다른 여러 자료들을 종합하고 분석해 일기 예보를 만듭니다. (2) 슈퍼컴퓨터가 하는 일은 수집된 엄청난 양의 자료를 처리, 분석하여 예상 일기도를 만드는 것입니다. 슈퍼컴퓨터가 변화무쌍해진 날씨를 정확하게 예측한다는 내용은 글에 나오지 않습니다.

Day 27   86~87쪽

중심 문장 쓰기

- **1문단** – ㉮ 대상이나 현실을 과장하거나 희화화하여 웃음을 불러일으킨다
- **2문단** – 비판
- **3문단** – ㉮ 웃음 자체가 목적인 해학은 웃음이 대상에 대한 연민과 호감을 일어나게 합니다
- **4문단** – ㉮ 풍자와 해학이 불러일으키는 웃음의 의미는 다르지만 둘 다 재미를 줍니다

도움말 3문단과 4문단은 각 문단의 첫째 문장과 둘째 문장을 연결하여 중심 내용을 재구성합니다.

1 ㉮ 풍자와 해학의 공통점과 차이점

2

	풍자	해학
공통점	㉮ 대상이나 현실을 과장하거나 희화화하여 웃음을 불러일으킴. ㉮ 사람들에게 재미를 줌.	
차이점	㉮ 대상에 대한 비판을 목적으로 함. ㉮ 대상의 결점을 비판적으로 꼬집어서 웃음에 조롱이 담겨 있음.	㉮ 웃음 자체를 목적으로 함. ㉮ 대상의 결점을 감싸기 때문에 웃음이 연민과 호감을 일어나게 함.

3

> ㉮ 풍자와 해학은 둘 다 대상이나 현실을 과장하거나 희화화하여 웃음을 불러일으키고, 사람들에게 재미를 줍니다. 대상에 대한 비판을 목적으로 하는 풍자는 대상의 결점을 비판적으로 꼬집어서 웃음에 조롱이 담겨 있습니다. 이와 달리 웃음 자체를 목적으로 하는 해학은 대상의 결점을 감싸기 때문에 웃음이 연민과 호감을 일어나게 합니다.

도움말 첫 문장은 풍자와 해학의 공통점을 쓰고, 그다음엔 풍자의 특징을, 끝으로 풍자와는 다른 해학의 특징을 씁니다. 차이점을 쓸 때는 '이와 달리', '반면에', '그러나' 등의 표현을 이어 주는 말로 사용할 수 있습니다.

4 (1) 풍자, 해학 (2) 풍자 (3) 해학

도움말 풍자는 대상에 대한 비판을 목적으로 하므로 작품 속 인물의 우스꽝스러운 모습을 조롱합니다. 해학은 대상을 감싸기 때문에 대상에게 연민과 호감을 느끼게 합니다.

5 「양반전」의 양반

도움말 작품 속 인물이 비판의 대상이 되는 것은 풍자의 특징입니다. 「양반전」은 무능한 양반과 조선 사회를 비판하며 풍자한 작품입니다. 「흥부가」의 흥부는 모자라고 엉뚱한 모습이 우스꽝스럽게 그려지지만 비판의 대상은 아닙니다.

Day 28 (88~89쪽)

중심 문장 쓰기

1문단 – 예) 모든 전쟁을 멈추어야 한다
2문단 – 수많은 사람이 죽거나 다친다
3문단 – 전쟁은 삶의 터전과 일상을 파괴한다
4문단 – 난민
5문단 – 전쟁의 비극

도움말 1문단은 글쓴이의 주장이 나타난 마지막 문장이 중심 문장입니다. 문장에서 '지구상에서 벌어지고 있는'을 삭제할 수 있습니다.

1 전쟁

2

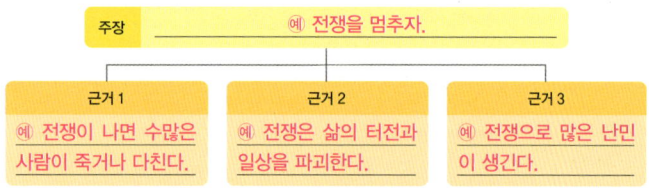

3

> 예) 모든 전쟁을 멈추어야 한다. 왜냐하면 전쟁이 나면 수많은 사람이 죽거나 다치기 때문이다. 또 전쟁은 삶의 터전과 일상을 파괴하고, 전쟁으로 많은 난민이 생기기 때문이다.

도움말 이 글은 주장과 근거 짜임의 글이므로 글쓴이의 주장과 세 가지 근거가 명확하게 나타나게 요약합니다. 근거를 쓸 때에는 '왜냐하면', '~기 때문이다'와 같은 표현을 사용할 수 있습니다.

4 ①, ③

도움말 '전쟁을 멈추자.', '전쟁을 반대한다.', '전쟁을 즉각 중단해야 한다.'는 모두 전쟁을 하지 말자는 의미의 주장입니다.

5 (2) ×

도움말 이 글에서는 계속되는 전쟁을 피해 많은 사람이 자기 나라를 떠나 다른 나라로 이주한다고 하였습니다. 이 사람들이 난민이므로, 성민이의 말은 잘못되었습니다.

Day 29 (90~91쪽)

중심 문장 쓰기

1문단 – 예) 가짜 뉴스 문제의 해결책
2문단 – 가짜 뉴스 문제 해결을 위해 정부는 가짜 뉴스를 법으로 규제해야 한다
3문단 – 기업도 가짜 뉴스의 확산을 막기 위한 노력을 해야 한다
4문단 – 학생과 시민들에게 뉴스 리터러시 교육을 해야 한다
5문단 – 위험한 가짜 뉴스

1 예) 가짜 뉴스 문제를 해결하는 방법

2

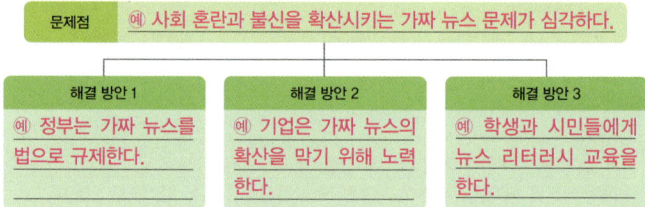

3

> 예) 사회 혼란과 불신을 확산시키는 가짜 뉴스 문제가 심각하다. 이 문제를 해결하기 위해 정부는 가짜 뉴스를 법으로 규제하고, 기업은 가짜 뉴스의 확산을 막기 위해 노력해야 한다. 그리고 학생과 시민들에게 뉴스 리터러시 교육을 해야 한다.

도움말 이 글은 문제와 해결 짜임의 글입니다. 첫 부분에 글쓴이가 제기한 문제점을 쓰고, 그에 대한 해결 방안 세 가지가 자연스럽게 연결되도록 요약합니다.

4 (2) ○

도움말 (1) 글쓴이는 가짜 뉴스 문제가 심각하다고 했지만 가짜 뉴스를 퍼뜨리는 사람을 강력하게 처벌해야 한다는 주장은 하지 않았습니다. (3) 인공 지능 기술은 사람들이 쉽게 가짜 뉴스를 받아들이게 하는 데 악용되고 있습니다. 가짜 뉴스 문제 해결에 도입하자는 내용은 글에 나타나 있지 않습니다.

5 ④

도움말 가짜 뉴스는 진실을 왜곡하여 사회 혼란을 가져오고 불신을 확산시키기 때문에 사회 문제가 되었습니다.

Day 30

92~93쪽

중심 문장 쓰기

1문단 – 민주주의의 의미와 기본 정신에 대해 알아봅시다
2문단 – 모든 국민이 나라의 주인
3문단 – 오늘날 민주주의의 의미는 정치 형태에서 생활 양식으로 확대되었습니다
4문단 – 예 민주주의의 기본 정신은 인간의 존엄성, 자유, 평등입니다

도움말 4문단은 첫째 문장과 둘째 문장을 연결하여 한 문장으로 중심 내용을 재구성합니다.

1

2

예 민주주의는 모든 국민이 나라의 주인으로서 권리를 갖고, 그 권리를 자유롭고 평등하게 행사하는 정치 형태로, 그 의미가 정치 형태에서 생활 양식으로 확대되었습니다. 민주주의의 기본 정신은 인간의 존엄성, 자유, 평등입니다.

도움말 앞부분은 민주주의의 의미에 대해, 뒷부분은 민주주의의 기본 정신에 대해 정리해 씁니다. 〈문제 1번〉에서 정리한 내용에서 중복되는 내용이나 세부 내용을 삭제하고, 매끄러운 문장이 되도록 요약합니다.

3 의미, 기본 정신

도움말 2문단과 3문단에서는 민주주의의 의미를, 4문단에서는 민주주의의 기본 정신을 설명하였습니다.

4 (3) ×

도움말 준호가 말한 경험은 나이가 많거나 지위가 높은 사람이 다른 사람을 순종하게 하는 권위주의의 모습에 가깝습니다.

| 지은이 | 기적학습연구소 |

"혼자서 작은 산을 넘는 아이가 나중에 큰 산도 넘습니다"

본 연구소는 아이들이 혼자서 큰 산까지 넘을 수 있는 힘을 키워 주고자 합니다.
아이들의 연령에 맞게 학습의 산을 작게 만들어 혼자서도 쉽게 넘을 수 있게 만듭니다.
때로는 작은 고난도 경험하게 하여 성취감도 맛보게 합니다.
그리고 아이들에게 실제로 적용해서 검증을 통해 차근차근 책을 만듭니다.

-국어 분과 대표 저작물 : <기적의 독해력> <요약독해의 힘> 외 다수
-영어 분과 대표 저작물 : <기적의 파닉스>, <기적의 영어리딩> 외 다수
-수학 분과 대표 저작물 : <기적의 계산법>, <기적특강> 외 다수

요약독해의 힘 4권

초판 발행 2024년 11월 18일
초판 3쇄 발행 2025년 11월 28일

지은이 기적학습연구소
발행인 이종원
발행처 (주)길벗스쿨
출판사 등록일 2025년 5월 28일
주소 서울시 마포구 월드컵로 10길 56(서교동 467-9)
대표 전화 02)332-0931   **팩스** 02)323-0586
홈페이지 www.gilbutschool.co.kr   **이메일** gilbut@gilbut.co.kr

기획 이경은(hey2892@gilbut.co.kr)   **편집 진행** 박은숙, 유명희, 이재숙, 유지선
제작 이준호, 손일순   **영업마케팅** 문세연, 박선경, 구혜지, 박다슬   **웹마케팅** 박달님, 이재윤, 이지수, 나혜연
영업관리 김명자, 정경화   **독자지원** 윤정아

표지 디자인 더다츠   **전산 편집** 린 기획
인쇄 교보피앤비   **제본** 경문제책

▶ 이 책은 저작권법의 보호를 받는 저작물로 이 책에 실린 모든 내용, 디자인, 이미지, 편집 구성은
  허락 없이 복제하거나 다른 매체에 옮겨 실을 수 없습니다.
▶ 인공지능(AI) 기술 또는 시스템을 훈련하기 위해 이 책의 전체 내용은 물론 일부 문장도 사용하는 것을 금지합니다.
▶ 잘못 만든 책은 구입한 서점에서 바꿔 드립니다.

ISBN 979-11-6406-800-5(길벗스쿨 도서번호 10990)
정가 12,000원

독자의 1초를 아껴주는 정성 **길벗출판사**

(주)길벗스쿨 국어학습서, 수학학습서, 영어학습서, 유아동 단행본
(주)도서출판 길벗 IT단행본, 성인어학, 교과서, 수험서, 경제경영, 교양, 자녀교육, 취미실용